# 経済学部で何を学ぶか

Department of Economics

岡地勝二
*Okachi Katsuji*

同文舘出版

# はしがき

　つい最近、「やった！大学へ入って本当によかった」と息をはずませながら大きな笑顔で私に話しかけてくれた男子学生がいました。この学生は、大学へ進学する事に大して意義があることとは考えずに入学し、それも経済学部へ入ってくることに、ほんの小さな価値しか見出していなかったのです。

　しかし、彼は、２年生の後半になると、何かにとりつかれたように猛烈に勉強に精を出すようになり、難関といわれるさまざまな経済理論を学習し、実力をつけて、本人が目的としていた企業への就職の内定を手にしたのでした。

　その学生が私にこんなことを言ってくれました、「経済学の勉強って、すればするほど難しくなるが、勉強から得られる喜びもまた大きくなるものですね」と。私はこんな会話をしているとき、教える者の１人として教育に対する責任の大きさをしみじみと感じるのです。そして、経済学を勉強していくための、手引書などがあったらどんなに教育的に有意義なことか、と思っていました。

　そんな思いをいだいていたとき、同文舘出版の秋谷克美氏より、同社が目下取り組んでいる専門分野の学習の入門シリーズの１冊として、経済学を学ぶためのガイド・ブックを執筆してみないか、とお声をかけていただいたのです。本来、このような本は、高い学問を積んだ高名な学者が啓蒙書として執筆するのが常であることから、私ごとき者ではその任にあらず、とも考えましたが、しかし、もしかしたら私にでも若い人達に私の経験にもとづいたアドバイスができるのではないのか、という気持が湧き上

がり、この本を執筆する勇気をもったのでした。

　とはいえ、書きはじめてみると、多忙な日常の生活の中で執筆の時間をとることが思いのほか難しいことがわかりました。遅々として進まない執筆状態に、私自身が滅入ることもありましたが、そんな私をたえず励ましてくださった秋谷氏にたいして、ここに記して感謝の意を表したいと思います。

　この本が世に出まわり、経済学の勉強の入口に立っている若い人々の目にとまり、経済学の勉強へと駆り立てる動機づけとなりえたならば執筆者としてこれほど幸いなことはありません。

　この本で私が述べてきたことに対して、万一不明な点、不備な点などがありましたら、読者の皆さんからご指摘をいただき、私自身で再度点検し、書き直しなどをしながら将来に向けてよりよいものに仕上げていきたいと願っています。

平成 16 年 5 月

岡地　勝二

# 目　次

| 第1章 | 経済学部へ進学を志して — 1 |
|---|---|
| | 日本は空前の進学ブーム ………………… 1 |
| | 経済学部への動機 ………………………… 3 |
| | 経済学部への進学実態 …………………… 6 |
| | 経済学部へ入る準備 ……………………… 9 |

| 第2章 | 経済学を学ぶ意義 — 17 |
|---|---|
| | 経済学は社会の「病理学」………………… 17 |
| | 経済学を学ぶための基礎知識 …………… 19 |
| | 日本人の学力問題について ……………… 26 |

| 第3章 | 経済学部での勉強は"楽"、それとも"苦" — 31 |
|---|---|
| | 経済学部生は"ネコの如し？"……………… 31 |
| | バラエティに富む講義 …………………… 33 |
| | 必修科目の重要性について ……………… 35 |
| | 「ミクロ経済学」と「マクロ経済学」……… 37 |
| | 英語経済学 ………………………………… 43 |
| | 専門演習（ゼミナール）…………………… 45 |
| | 経済学の知識は世界共通 |
| | 　　―経済学検定試験について― ……… 49 |

| 第4章 | 経済学部での教育のあり方 — 53 |
|---|---|
| | どんな先生が経済学を教えているのか …… 53 |
| | 大学教授になる方法 ……………………… 57 |
| | 講義は"楽しい"か"苦しい"か …………… 63 |

| 第5章 | 経済学を学ぶときの英語の重要性 — 67 |
|---|---|
| | 英語がよくできると経済学を学ぶのに有利 ……… 67 |

　　　　経済学を学ぶのに必要な英語力 …………………… 68
　　　　日本人の英語力 …………………………………… 73

第6章 | **IT革命と経済学** ─────────────── 81
　　　　IT革命を支えるのは経済学 ……………………… 81
　　　　IT革命の源 ………………………………………… 82
　　　　IT革命と経済戦略 ………………………………… 84
　　　　「IT革命」から「ID革命」へ …………………… 93

第7章 | **論文を書く楽しさと苦しさについて**
　　　　**─文章作法の手ほどき─** ─────────── 95
　　　　卒業論文の作成 …………………………………… 98
　　　　論文の書き方 ……………………………………… 100

第8章 | **経済学部を終えてからの進路** ──────── 109
　　　　就職を成就する方法 ……………………………… 109
　　　　就職を"ゲット"するには熱意が大切 ………… 113
　　　　就職とインターンシップ ………………………… 116
　　　　企業が求める人物像 ……………………………… 119
　　　　入社試験の難しさ ………………………………… 121
　　　　フリーターにだけはならないで！ ……………… 123
　　　　専門家を目指して大学院へ ……………………… 127

第9章 | **経済学を創ってきた人々** ──────────── 131
　　　　人が人であるために ……………………………… 131
　　　　アダム・スミス …………………………………… 132
　　　　デビッド・リカード ……………………………… 136
　　　　カール・マルクス ………………………………… 139
　　　　レオン・ワルラス ………………………………… 143
　　　　ジョン・メイナード・ケインズ ………………… 146

# 第1章
# 経済学部へ進学を志して

## 日本は空前の進学ブーム

　今、日本は空前の進学ブームに湧いているようです。大学へ進学する人々の数は、少子化の影響で年々少なくなっているものの、高校を出て大学へ進学する人々の割合は、年々高くなっているのです。このことを指して空前の進学ブーム、というのでしょう。

## なぜ進学するのか

　人々はなぜ大学へ進学するのでしょうか。大学で自分の得意とする分野を勉強したい、大学で身につけた知識や技術を活かして社会の発展に大いに貢献したい、という大きな希望を持って進学を志す人々もたくさんいることでしょう。しかし、中には、親が大学へ行け、というから、とか、高校の級友の多くが大学へ行くから、とか、さらに、大学くらい出ておかないと就職できないし、それに、大学を出てないと将来社会へ出てから肩身の狭い思いをするから、などさまざまな動機で人々は大学へ大学へと進んでいきます。もちろん、将来社会に貢献したいからというポジティブな（積極的な）進学動機であれば、すばらしいことだ、とは思いますが、すべての人々がこんなすばらしい動機で進学してくるはずがありません。

　前にも述べたように、「大学くらい出ていないと世間体が悪い」とか、「自分は大学など行きたくないが、親が大学くらい出ておけというから」といったような、いわばネガティブな（後ろ向きの）動機で大学へ進学してくる人々もいます。考えてみると、私はこんなネガティブな動機でも大学へ進学したい、という志はすばらしいことだ、と思います。なぜなら、18歳の若者が将来の大きな希望や、確固たる目的をいだく、ということ

はそう簡単なことではないからです。ましてや、混沌とした現代の社会で高校生活を送っている若い人々は、「自分は、将来何々になりたい、何々の仕事がしたい」と自分の将来を見定めるのはなかなか難しいことでしょう。そこで夕食後、親から「お前、高校出たらどうする」とたずねられ、わからん、と一言答えたら、「大学へでも行っとけや」ということになり、「そんなら行こか」などと、至って低い次元で大学への進学を決める、ということもあるでしょう。

また、逆に、私の知人の長男のように、高校の2年生で「数学オリンピック」で金メダルを取り、「将来は数学者の道を歩む」と、高校2年で将来進むべき道を決めているような若い人もいます。この高校2年生の書いた、数学に関して綴った文章を見たことがありますが、「いやー、これが高校2年生が書いたものか」と心から敬服し、感心しました。世の中にこんなによくできる高校生が現実にいるなんて、本当にうれしいことです。彼は将来数学者の道に入り、欧米の一流中の一流大学へ留学し、数学のノーベル賞といわれるフィールズ賞をもらうほどの研究者になってほしいとひたすら願うものです。

また、私の周辺に、大学進学の全国統一模試で全国一になった高校生がいました。その高校生は一見ぼうっとしているようでしたが、絶えず机の人となって勉強していたようでした。

また、県立高校の生徒会長を2年生と3年生と2年間もやり、荒れた高校を平静化するのにずい分頑張ったという高校生もいましたし、スポーツに高校生活のすべてをかけた、というような高校生もいました。そういった、さまざまな高校生の大半が大学へ進学していくのです。ある人は、世間の人々が羨むような大学へ進んでいく場合もあるし、また、逆の場合もあります。いずれにしても私は大学へ進学を志す人々にいうのですが、世間で一流という大学へ入ったものの、大して勉強もしないで、無目的な4年間の大学生活を送った場合と、入試に失敗し、不本意ながらでも入っていった大学で、入学すると同時に生きる目的を見つけ出し、その目的に向

かって懸命に勉学に励む学生生活を送った場合とでは、いずれが人生にとって有意義か、よく考えなさい、と。

大学に入ってくる学生の中には、入学した直後から目的に向かって勉強を始める人もいます。例えば法学部に入ってくる人の中には、よーし、在学中に司法試験に合格してやろう、と心に決め、日本でも、もっとも難しいといわれる司法試験の成功に向かって猛烈に勉強を始め、それを見事に成功させる人もいます。それも3年生で合格してしまう人もいるのです。また、大学の講義にはほとんど出なくて、図書館に朝から晩まで籠って、有名といわれる小説を片っぱしから読破し、そして、小説作法をしっかりと身につけ、卒業するまでに世間で認められるような小説を刊行する人もいるのです。

とにかく、20歳そこそこの若い頭脳をもってすれば、ほぼなんでも可能であり、大学に入ったら、早く目的を見つけ出し、学問に身を入れて励んでいただきたいと思っています。

## 経済学部への動機

ところで経済学部へ進学するにあたって、いったい人々はどのようにしてこの学部を決めるのでしょうか。ある人は、将来何になりたいかさっぱりわからず、とりあえず文系へ、それも経済学部へ入っておこう、という軽い気持で入ってきたり、また、なんだか経済学部なら合格しそうだから入ってきた、という人もいるでしょう。もちろん、経済学部での教科に魅惑されて入ってくる人もいるでしょう。

私は、自分が担当している講義の受講生に簡単なアンケート方法によって経済学部へ入学した動機などについてたずねてみました。対象者は主として2年生と3年生で、約200名です。その結果を次のとおり示しますが、中には「興味ある傾向」も見受けられるか、と思っています。参考までにぜひごらん下さい。

**経済学部へのアンケート**

1. あなたは経済学部を第一志望としましたか
   - は　い＝ 67.8%
   - いいえ＝ 32.2%

2. 経済学部の受験を自分で決めましたか
   - は　い＝ 90.2%
   - いいえ＝ 9.8%

3. 経済学部を志望した理由は何ですか
   - 経済関連科目が、また社会関連科目が好きだったから＝ 29.1%
   - 合格しやすいと思ったから＝ 13.4%
   - 就職に有利だと思ったから＝ 16.3%
   - 親や先生などにすすめられたから＝ 4.0%
   - ただなんとなく＝ 23.8%
   - その他＝ 13.4%

4. 目下、経済学部で学んでいますが、経済学部での学問は、あなたが入学するときいだいていた期待と一致していますか
   - まったく一致している＝ 5.2%
   - ほぼ一致している＝ 58.1%
   - 期待はずれ＝ 13.4%
   - もともと大して期待していなかったので、これで充分＝ 23.3%

5. あなたは経済学部に入学するにあたって経済学を勉強するのに数学の知識が必要だということを知っていましたか
   - よく知っていた＝ 33.3%
   - 少しは知っていた＝ 56.7%
   - まったく知らなかった＝ 9.9%

6. 今、経済学部で学んでいますが、経済学部という学部に満足ですか
   - 大変満足している＝ 7.0%
   - ほぼ満足している＝ 28.1%

まあまあ ＝ 50.9％

不満 ＝ 14.0％

7．あなたは将来どのような職業に就きたいですか

民間企業 ＝ 47.0％

公務員 ＝ 14.5％

学校の先生 ＝ 3.0％

自分で企業を起こす ＝ 9.6％

税理士、司法書士など専門職 ＝ 10.8％

今は考えていない ＝ 15.1％

## 実は前向き、経済学部ライフ

　これらの結果から興味あるいくつかの数字を見てみましょう。

　まず、驚くことに、経済学部を第一志望として入ってくる学生が丁度3分の2に達することです。つまり、イヤイヤ経済学部に入ってくる学生は少ない、といえるでしょう。この数字は関係者にとってうれしい数字です。さらに、質問2では、誰にすすめられることもなく、自分で経済学部の受験を目指す、という事実は、経済学部でも自ら進んで学問に取り組む姿勢が高いことを意味するでしょう。

　自ら進んで入ってきた経済学部で学んでいる学問は、入学する前にいだいていた期待を裏切っていない、という数字が63.3％に達しており、このことは約3分の2の学生が、真剣に経済学部での学問に打ち込んでいる、という事実を物語っている、といってもいいでしょう。

　さらに、経済学部での専門性を高めるためには数学の知識が必要だ、という認識を、90％以上の人々が持って経済学部へ入学してくる、という事実を知って関係者は驚くのではないでしょうか。このことは、4月に入学したての新入生にくどくどと数学の必要性を訴えなくてもいいことになります。つまり、数学の必要性をこれだけの学生が知って入学してくるからには、新入生達にすぐに、ミクロ経済学とか、マクロ経済学の基本的な理

論を充分に教えていくことができる、ということになります。

　将来の進路について質問したところ、約半数の学生が民間企業へ就職を希望しているのです。一般的には、経済学部の学生の大半、つまり70％から80％の学生達が民間企業へ入っていくことを目指しているかと思われがちであるのに反して、民間企業への進路を目指す学生が47％とはかなり低いように見受けられます。

　逆に、自分で企業を起こすことを目指す学生が約10％にも達していたり、税理士などの専門職につきたいと希望する学生も10％以上に達しているという事実は、驚きに値するようにも思われます。現代の若者は、時として「無目的、無関心、無趣味」の「三無主義」で人生を送っている、などと嘲笑的にいわれていますが、これらの統計的数字は、大学で学んでいる若者は、きちんと目を大きく開け、前方をにらんで人生を歩んでいる、という事実を物語っているようです。

## 経済学部への進学実態

　さて、次に経済学部へは、いったい何人くらいが志望し、また、現実に何人くらいが入学していくのかを見てみましょう。

　経済学部という類に入るものとして、経済情報学部、国際経済学部、政治経済学部などさまざまな名称を持った学部がありますが、ここでは、ただ「経済学部」という伝統的な名称を持っている学部に限って、入学志望者と入学数を見ることにします。

### 経済学部への志望者数

　まず、志望者数を見ていきましょう。表1－1を見て下さい。この表は平成13年における志望者数を示したものですが、国公立大学では、やはり経済学部へ進学したいとする人々の数が、他の文科系の学部に比べて圧倒的に多いことがわかります。しかし、それ以上に国公立大学の工学部へ

表1-1　志望者数

| | 国　立 | | | 公　立 | | | 私　立 | | |
|---|---|---|---|---|---|---|---|---|---|
| | 男 | 女 | 計 | 男 | 女 | 計 | 男 | 女 | 計 |
| 経済学部 | 25,403 | 10,189 | 35,592 | 16,723 | 6,695 | 23,418 | 277,504 | 69,196 | 346,700 |
| 文学部 | 4,095 | 5,796 | 9,891 | 3,432 | 9,132 | 12,564 | 135,862 | 217,367 | 353,229 |
| 法学部 | 8,995 | 5,351 | 14,346 | 2,801 | 1,766 | 4,567 | 210,744 | 90,779 | 301,523 |
| 商学部 | 2,416 | 1,120 | 3,536 | 2,016 | 1,010 | 3,026 | 90,748 | 32,036 | 122,784 |
| 工学部 | 91,049 | 11,678 | 102,727 | 13,600 | 1,602 | 15,202 | 256,690 | 25,677 | 282,367 |

出所：「学校基本調査報告書　平成14年度」平成13年、文部科学省。

進みたいと希望する人々の数の多いことは驚嘆に値します。

　一方、私立大学への志望者数を見てみると、男子では、志望者数がなんと27万7,500人に達し、他の学部への志望者数に大差をつけて圧倒的にトップを誇っています。つまり、経済学部へ入って経済学を勉強したいとする若い人々が日本にはこんなにたくさんいるのです。大学で経済学教育にたずさわっている人々にとって、この数字は喜ばしいことに違いありません。さらに、志望者数全体を眺めてみると、経済学部へ進みたいと願う女子の志望者が多いことが目につきます。今から30年ほど前に経済学部で勉強していた人々は、自分のゼミで、また講義室で、女性の姿を見る、ということはほぼ皆無であり、それこそ"無味乾燥な"カレッジ・ライフを送っていた、という経験を持っているのです。

　しかし、今は、経済学部にはたくさん女子学生が入学してくるようになり、男子学生が彼女達とゼミや講義室で机を同じくするという機会も実に多くなりました。しかも経済学部に入ってくる女子学生達は、なかなか優秀であり、ともすれば、難しい数理分析を立派にこなし、男子学生よりも、秀れた発表をすることが多々あるのです。

　また、語学の能力は、ひょっとすると男子学生よりも上であるかも知れ

ない、と思えるほど女子学生は全般的に語学力に秀れており、それを武器にして将来的にも有望な企業にどんどん進んでいく、という現象も見られます。これは、当然、本人にとっても日本の社会にとっても喜ばしいことなのはいうまでもありません。もちろん、統計学にもコンピュータ理論にも秀でている女子学生はたくさんいます。女子学生がこのように経済学部へ今以上に入ってくるようになると、ひょっとすると日本の社会、とりわけ企業社会は大きく変化する可能性が見出されるでしょう。

従来、日本の社会では男子は経済学部へ、女子は文学部へ、というような、一種の「棲み分け」のようなものが社会的通念として存在していたようでもありました。人々のこのような考えもこれから大いに変わっていくことは間違いありません。

次に、表1－2によって経済学部へ実際に入学する人数について見てみましょう。

この表によれば、経済学部への入学者数は国公立大学では断然他学部への入学者数を引きはなしているものの、私立大学では、その座を文学部にわたしています。しかし、その差は、ほんのわずかであり、この事実を考えると、経済学部への入学者数はやはり、日本の大学教育にとって、経済学部は中心的役割りを果たしている、といってもよいでしょう。

表1－2　入学者数

|  | 国立 | | | 公立 | | | 私立 | | |
|---|---|---|---|---|---|---|---|---|---|
|  | 男 | 女 | 計 | 男 | 女 | 計 | 男 | 女 | 計 |
| 経済学部 | 5,250 | 2,545 | 7,795 | 2,250 | 1,135 | 3,385 | 42,503 | 10,702 | 53,207 |
| 文学部 | 832 | 1,461 | 2,293 | 449 | 1,476 | 1,925 | 16,586 | 37,824 | 54,410 |
| 法学部 | 1,917 | 1,498 | 3,415 | 401 | 360 | 761 | 28,896 | 12,865 | 41,761 |
| 商学部 | 570 | 318 | 888 | 389 | 240 | 629 | 14,764 | 5,686 | 20,450 |
| 工学部 | 23,049 | 2,980 | 26,029 | 1,981 | 262 | 2,243 | 43,110 | 3,987 | 47,097 |

出所：「学校基本調査報告書　平成14年度」平成13年、文部科学省。

## 経済学部へ入る準備

　大学というのは、本人の意思によって何をどう学んでもいいのです。個人の才能を最大限に活かされるような教育システムが取り入れられているところが大学です。

　次に経済学部への入学を志す人はどんな準備をしておいたらいいのだろうか、どんな勉強をしておいたらいいのだろうか、また、どんな志を持って入ってきたらいいのだろうか、などについて述べてみましょう。

### 将来進みたい道

　大学へ進む場合、たいてい将来どんな道に進みたいかによって学部を選択して入ってくるものです。ロー・スクール（法科大学院）が創設された今日は少し事情が違うかも知れませんが、それでも、弁護士、判事、そして検事など法曹関係の仕事に就こう、と願う人は法学部へ進みますし、将来、ビルをつくり、街の再開発に貢献したいと願う人は工学部建築学科へ進み、また中学や高校の体育の先生になろうとする人は体育学部へ、中学や高校の英語の先生になろうとする人は文学部英文学科へ進んでいくでしょうし、また、進んでいかなければなりません。もちろん、医師とか歯科医師になりたいと願う人は、入学すべき学部は自ずから限定されます。

　しかし、高校卒業時までに将来何になりたい、とか、どんな職種に就きたい、という志望がいまだ決定していない人々が結構多いのも事実でしょう。経済学部に入ってくる人は案外そういう人が多いのです。小さな子供に、「坊や、将来何になりたいの？」とたずねると、「サラリーマン」などと平然と答えたりするケースを見たことがありますが、このように将来何になりたいかを高校生の間に決めるのはなかなか骨の折れる仕事です。したがって、将来の方針が未決定の人々がどうしても入学しがちなのが経済学部なのです。

　私は、経済学部の性質上、そういった人々が入ってきても別にかまわな

い、と思っています。経済学部でさまざまな学問を修める中で、自分に適した将来の進むべき道を見つけるのもきわめて正しいことだ、と思います。「将来何になりたいとまだ決めていないのに経済学部へ進学して大丈夫だろうか」、という質問を受けることがよくあります。その都度、そういう人ほど「経済学部へいらっしゃい。そこでいろいろなことを勉強しながら自分の進むべき道を探しなさい」と私は答えているのです。私自身、高校を出たとき将来の確固とした方針があって大学へ、しかも経済学部へ入ったわけでもありません。そして当時のこととして、経済学部とはどんなことを学ぶ学部か、という情報もなく、ただ漫然たる気持ちで受け、そして受かったので入学していった、という程度でした。

　ただ、私的なことをいえば、私は母子家庭に育ち、当時は母子家庭はほぼ例外なく経済的に困窮状態にあり、私共も極貧にあえぎながら生活していました。母が小さな銀行の「小間使い」のような仕事に就いており、そんな母のささやかな仕事によって私達の生活は支えられていたのです。そんな母を見て育った私は、できたらどこかの大学を横道にそれることなく出て、将来は「銀行にでも勤めよう」と漠然と考え、銀行に勤めるには経済学部くらいがよかろう、という軽い気持ちで入ったというのが実情であります。したがって、大志をいだいて経済学部に入っていらっしゃい、と大きなことをいう資格は私にはありませんが、しかし、長い間経済学部でたくさんの学生達を教え、そして社会のさまざまな分野へ送り出してきた経験から、いくつかのアドバイスはできる、と自信を持っていえます。

### 歴史も経済とつながる

　まず、経済学部へ入学を希望する人々は、歴史をたくさん学んで入ってきてもらいたい、ということを第一にアドバイスしておきます。その歴史とは西洋史と日本史の両方です。最近の傾向として、受験で西洋史を選ぶ生徒は少なくなりつつあると聞いていますが、経済学部で勉強する際には西洋史の知識は欠くことができません。経済学部では、世界全体とか、各

## 第1章　経済学部へ進学を志して

国の経済発展の過程をきわめて厳格に勉強するのですが、そのときに西洋諸国の発展のあり方を歴史的に見きわめる必要性にせまられます。例えば、経済学で重要なテーマとして「産業革命」について学びますが、そのとき、産業革命はなぜイギリスで発生したのか、その時代背景とか、産業革命によって世界はどんなふうに変わったのか、などについて学ぶとき、どうしても西洋史の知識を必要とします。

　さらに、1929年にニューヨークのウォール街で始まった「大恐慌」は、全世界に、大量の失業者をつくり出し、ほぼ全世界を奈落の底につき落した大事件でした。この大恐慌の発生原因は何か、立て直すのにどんな政策が取られたのかについて学ぶことは経済学の大きな研究テーマであったし、今なお重要なテーマとなっています。

　このテーマを研究するには、当然のこととして、当時の世界情勢を学ぶことが必要ですし、そのためには西洋史の知識が不可欠なのです。ちなみに、この「世界大恐慌」の原因を追究し、その方策を考え出し、その後の世界に大きな影響をもたらしたのが、あの有名なイギリスの経済学者、ジョン・メイナード・ケインズだったのです。ケインズについては、別のところで詳しく触れますが、このように経済学の研究と西洋史の知識は切っても切れない関係なのです。

　日本史についても当然同じことがいえます。経済学の分野には、「日本経済史」とか「日本産業史」とか、「日本経済論」という科目が設置されていますし、また「日本経済思想史」という科目もあります。それらの科目では、日本経済の発展過程を詳細にわたって追跡することから、日本の歴史の知識が求められることはいうまでもありません。

　時として、受験の歴史は「暗記もの」だといって軽く見られることがありますが、しかし、経済学を学ぶときには歴史の知識はきわめて重要なのです。したがって、経済学部への進学を決めたら、西洋史にしろ、日本史にしろ、ただ歴史上の出来事を年号だけ丸暗記するのではなく、系統的に学ぶ、ということが必要でしょう。例えば、歴史上で有名な出来事はなぜ

発生したのか、そのときの時代はどんな状況だったのか、その出来事の影響の度合はどんなものであったのか、といったことを1つの流れとしてとらえることが必要でしょう。また、歴史上の出来事を年号だけで覚えても大して役立ちません。1つの流れとして、またシステマティックに歴史上の出来事を学ぶと、ほんとうにその人の身につきますし、また学問する上でとても役立つ、と思います。

### やっぱり数学は必要？

次に、数学を少し、ほんの少しだけでも学んで経済学部に入ってきてほしいと思います。受験生は、経済学部での勉強を、難しい数学を絶えず使う学問だから嫌いだ、と思っているようですが、それほどのことはありません。

たしかに経済学部は、経営学部とか法学部といった社会科学の他分野に比べれば、数学を使う度合は、はるかに大きいでしょう。経済学の研究では、一国の経済成長率、失業率、そして、インフレ率といったように、今年の経済状態は、昨年と比べてどうか、とか、10年前と比べてどうか、といったように比較研究をすることが大切です。その場合は、当然のこととして数字によって比較されるのです。

さらに、こういう問題を取り扱うことがあります。ある国の生産量の増大をもたらすには、工場数や機械の台数を増大させなければならないし、そのためには莫大な資金を必要とします。また、実際にそこで働く人々も必要となります。前者を「投資」といい、後者を「労働」といいます。さて、そこで、今日本の生産量を10年間で倍にさせるには、投資をどれくらい、労働をどれくらい増大させればよいのか、ということなども計算によってはじき出せます。

また、大学へ進学して社会に出た場合と、高校教育だけで社会へ出た場合とではどれほどの経済的格差が生じるのか、などといった問題も計算することができます。これらの問題は、経済学の研究分野ではごく初歩の問

題です。本書の読者の皆さんが経済学部に入って「理論経済学」「数理経済学」そして「計量経済学」といった科目で展開されている数学的分析を目にして、「おや、これは数学科の勉強ではないのか」と一瞬目を疑うほど難解な理論的展開に接することがあります。日本で世界的に有名な経済学者の多くが「数学科出身」という事実を考えてみると、一流の経済学者になるためにはきわめて高度な数学的知識が必要になってくる、とも結論づけられます。ある人がこんなことをいっていることを耳にしたことがあります。つまり「数学のできない経済学者はその研究生活でインフェリオリティー・コンプレックス（劣等感）を持ち続けることになる」というものです。この言葉は厳しい言葉ですが、残念ながら事実に近いでしょう。私自身、近代経済学者の末端の席に名を連ねておりますが、数学は「ニガ手」であり、欧米の高等数学がちりばめてある難しい論文を目にするたびに、「ああ、こんな論文が十分に読めたらなあ」とため息まじりで嘆いています。

### きってもきれない数学との関係

したがって、経済学部へ進学を希望する本書の読者の皆さんは、今からでも、中学の、高校の数学の教科書を開いて下さい。大学に入ってくるまでに、できれば、「数学Ⅱ」で習うくらいの知識を持っておくと、経済学部に入って近代経済学で展開される理論にとまどうことはないでしょう。数学Ⅱでは、三角関数、指数関数・対数関数、そして、微分・積分といった数学を、学習しますから、それらの数学の知識を持って経済学部へ入ってくれればありがたい、というのが正直なところです。

それ以上の数学は大学へ入ってからいくらでも勉強する機会があります。大学の1年生用には、「数学」とか、「微分・積分」「線型代数学」さらに「経済学のための数学」といった入門的数学から、高学年になると数学を主とした、「計量経済学」「機械計算論」という科目から、「数理経済学」「数理統計学」といった高度な数学を必要とする科目まで幅広く用意

されています。数学のニガ手な人にはこれらの科目の名前を耳にするだけでも、飛び上がってふるえが来るほど難しい科目だと見られていますが、数学を得意としている人には、もっとも「高い得点が取りやすい科目」とも見られています。つまり、数学が得意な人には、経済学、とりわけ、数理経済学とか、計量経済学はいとも簡単な学問だ、といえるかも知れません。

私にはこんな経験があります。ある大学の大学院の博士課程の学生と親しくなり、彼が取り組んでいる「博士論文」を見せてもらいました。高等数学の数式がずらーっと記されているその論文を手にしたとき、これは経済学の論文ではない、数学科の論文だ、とびっくりしました。そこで私はその人に、「この論文は数学科へ提出する博士論文ですか」と半分冗談でたずねたところ、その若い研究者は、「これぐらいの数学では受理されません、数学科では」と平然というのです。その言葉に、私は二度びっくりしました。こんな優秀な若者がすくすくと育って、日本の経済学の学問的水準を世界の水準以上に高めてほしい、と願わずにはいられませんでした。

とはいえ、経済学という学問分野は多岐にわたっていますので、数学をほとんど必要としない科目も、当然のことですが、たくさんあります。たとえ数学がもう一つ「ニガ手」な人も大きな希望を持って経済学部へ進んでいただきたいと願うものです。

なぜなら、高等な数学を使って経済分析の仕事に就くのは主として、数理経済学者、計量経済学者、また、純粋理論家といわれる研究者の道を歩む人々であり、経済学部で学んだ多くの人々は、いわゆる銀行、製造業、流通業、さらにサービス業といった経済界に入っていくのが普通の道なのです。したがって数学ができないから、とか、数学など見るのもイヤだ、という人も、経済学部では立派に生きる道があることを述べておきます。

### 英語ができればはばたける？

最後に、英語について見てみましょう。英語はまさに大学教育の中で

もっとも重要な科目です。大袈裟な表現をすれば、英語は大学教育の"根幹"だといえるでしょう。大学で身につけた英語の"出来、不出来"によって、社会でのその人の人生が大きく左右されるといっても過言ではありません。つまり、今、日本の企業社会では、係長、課長、そして部長といった階級を昇っていくには英語の社内試験があり、その試験である水準の点数を取らないと、昇任ができない、というシステムが成り立っています。一昔前まで、こんなことは考えられませんでした。英語など、社内の一部の人々、例えば、貿易部の人々、海外事業部の人々、海外渉外課の人々、海事課の人々、といったように社内で、外国との取引、外国との関係に従事する人々だけが主として英語ができればいいのであって、社内の大半の人々は、"日本語がちゃんとできれば十分"である、と考えられていました。しかし、現在では事情はまったく違います。社内で、少しでも重要な仕事に就こうと思ったらまず英語の力が必要なのです。日本人の英語の力については別の章で詳しく述べますが、大学でも、とりわけ経済学部での教育では英語が重要視されているのです。なぜなら、経済学部の卒業生の大半は実業界で、第一線として対外関係の仕事に従事しなければならないからです。

　したがって、経済学部への進学を志す人々は、できるだけ英語の基礎を身につけて入ってきていただきたいものだ、と思います。英語といっても、何も外国人と不自由なく英語が話せる、というようなものではなく、大学において英語でさまざまな科目を学ぶのに苦痛を感じない程度に英語の力をつけておいていただきたいと願うものです。

　私は、ときどき、受験の英語の問題集を手に取って、「長文解読」という長くて難しい英文を目にすることがあります。そして、「果たして高校生は見事にできるだろうか」、と思うほど難しい問題を目にすることがあります。こんな難問を解いて合格し、大学へ進んできたからにはさぞ英語ができるだろう、と思い、講義中にときどき簡単な英語で書かれている文章を訳させると、さっぱりできない、ということがあります。そのたび

に、あんなに難しい英語の試験を「クリア」して入ってきたのに、こんな簡単な英語がなぜできないのか、と不思議に思います。
　とにかく経済学部でさまざまな科目を学ぶのに英語の知識は不可欠である、ということを力を込めて述べておきます。

# 第2章
# 経済学を学ぶ意義

## 経済学は社会の「病理学」

　アメリカで学んでいるとき、大学のカフェテリア（食堂）でテーブルを同じくして食事をしていると、突然女子学生から何を専攻しているのかとたずねられ、「エコノミックス（経済学）」と答えると、「あら、ずい分難しいことを勉強しているのね」と、羨望の眼ざしで見られたことがありました。それほど経済学は社会科学の中でも難しい学問だ、と見られているのです。つまり、俗な表現をすれば、経済学は「カッコいい」学問だともアメリカの大学のキャンパスでは見られているのです。

　事実、アメリカの大学では1年生のうちに、社会科学の1つの部門として、入門経済学の科目を履修するのが一般的ですが、この科目に意外と多くの学生が手こずり、単位を落とす羽目になるのです。そこで、経済学を専攻している学生、とりわけ大学院の学生はもてるらしいのです。ジョージア大学の大学院で学んでいたとき、英語もろくにできない冴えない院生の私にさえ、「マクロ経済学を履修しているが、難しくて歯が立たないの、教えて下さらない」などという、「お声」がかかるくらいだったのです。

## 社会を健全にする経済学

　なぜ経済学は難しい学問と考えられ、また、一方多少のあこがれの眼ざしで見られるかというと、経済学を勉強するには、「理路整然」とした考え方が必要だ、と考えられるからです。経済学は社会科学分野の中でも、もっとも自然科学分野に近い学問だ、と見られています。そのために、物理学、医学そして化学と同じように、社会科学分野の中で経済学だけに「ノーベル賞」が授与されるという栄誉に輝いているのです。このことは

他の社会科学の学問が人類の幸せのために貢献しない、ということを意味しているのではありません。社会学も法学、そして経営学だって人々の幸せを高めるためになくてはならない学問であることはいうまでもありません。しかし、経済学はなぜ他の学問に先がけてノーベル賞が与えられることになったのでしょうか。つまり、経済学には、物理や化学と同じように、さまざまな「法則」が確立され、それにもとづいて社会の現象がさまざまな角度から分析され、過去の出来事の原因を解明し、その結果を将来のために役立てようとする考え方が確立できるからです。

例えば、インフレとかデフレは何が原因で発生するのか、それに対してどのような対処方法が必要か、といったことが「客観的」に、「数量的」に分析できるのです。

医学についても同じことがいえるでしょう。これこれが原因で、この病気が発生し、その病気に対してはこうすればよい、ということが、ほほどんな医者の手にかかろうと同じ処方が取られます。経済学でも同じことがいえるのです。例えば、通貨当局によって通貨が、人々が必要とする以上に発行されると、「インフレ」という社会の病気が発生します。そのインフレを退治するためにはほぼ決まった政策が取られ、その結果、社会は健全になるのです。それは丁度医者の手当てによって病人が健康を取りもどすのと同じことです。

もちろん、医者が病人を治すには、長い年月にわたって絶えざる医学の知識の吸収が必要であるように、経済学においても同じことがいえます。医学において「基礎医学」をしっかりと身につけて「臨床医学」を修得して一人前の医者となって巣立っていくように、経済学においても、まず「基礎教育」をしっかりと修め、その上で「応用分析技術」を身につけて社会へ巣立っていくことになるのです。このようなプロセスを経て立派に一人前になった経済学者、また研究者は「社会の病理学者」とよばれ、社会に巣食う病の原因を見つけ出し、それを退治し、そして社会に安寧をもたらす仕事をする人だ、とも考えられているのです。

経済学を学ぶ意義 第2章

　基礎医学が、物理、化学、生物学、数学、心理学、そして語学などの学問を身につけることが必要なように、経済学においても、基礎教育として、数学、統計学、心理学、哲学、論理学そして語学の基礎を身につけなければなりません。とりわけ、数学や統計学の基礎的な知識の修得は不可欠であり、経済学を勉強しようと志して大学へ入ったらすぐにでもこれらの科目を履習し、勉強しなければなりません。これらの科目をしっかりと学んだ上に、応用科目として「経済政策、財政学、金融論、国際経済学、計量経済学」、といった分野を学んでいくことになるからです。

## 経済学を学ぶための基礎知識

　ときどき、こんな学生に出会うことがあります。「先生、数学が嫌いだから文科系の経済学部に入ったのに、どうして数学を勉強しなければいけないの」と数学を絶対に勉強しない、という学生です。また、「数学が必要な近経は絶対きらい」といいはる学生に出会うこともあります。

　たしかに、経済学部に入るために入学試験に数学を必修にしている大学は日本ではほとんどありません。とりわけ、経営上たくさんの受験生を集めなければならない私立大学においては、経済学部に入学を目指す受験生に数学を要求する大学は皆無です。そこで、高校時代、数学がニガ手で授業中、「内職」をしたり、イネムリをしたり、数学から逃げまくったりしていた人が大学受験にあたって、「なんとなく入れそうだ」という「勘」だけに頼って経済学部を受験し、なんとなく合格してしまい、入学してきた。そして、すぐに行われるガイダンス（どんな科目を、どのように履習するのかについての説明会）の時間に、大学の先生から、いきなり、「経済学を勉強するためには数学が必要です」といわれ、「おや、そんなことオレは知らんぞ、聞いていない。数学は絶対イヤダ……」などと真剣に悩んだりすることもあるのです。

　たしかに、このガイダンスにおいて、先生方は数学とか統計学といった

科目を履修することを言葉たくみにすすめます。「数学や統計学ができないと近代経済学の勉強は、ほぼ絶望的です」とまでいい切る先生も現れ、その言葉に、数学がまったくできない新入生は、「しまった、経済学部に入るのではなかった」と、くやんだりすることも多々あります。

事実、2年生の後半になって、専門課程に入っていくと、いきなり、マクロ経済理論、ミクロ経済理論といった、経済学を学ぶ上でとても大切な科目を学ぶにあたって、数学的手法によって、さまざまな社会現象を解いていくという勉強をさせられます。この段階になると数学嫌いな学生は、とことん経済学が嫌いになってくるのです。研究室へやってきて、「経済学部からどこか別の学部へ変わりたいのですが」、などと不安げな顔をします。

経済学を教える教師の間でも、あまりにも数学を用いて経済学を教え、学生に不安だけを与えるような経済学教育は果たして有効だろうか、という会話をしたりしています。正直にいって、教師のうち、3分の1は、数学は絶対に必要だ、と主張し、3分の1は、経済学といっても多種多様だ、数学を必ずしも必要としない経済学もある、という考えを示しており、残る人々は、そんなことはどちらでもいい、数学的経済学をやりたい人は数学を勉強すればいいし、数学の嫌いな人は数学のいらない経済学をやればいい、という考えを持っています。これら3つの考え方はいずれも「正しい」と考えられますが、しかし、現在の経済学の教育では、数学的手法を基礎にした経済学が主流を占めていることはまぎれもない事実です。

### こんな数学が役に立つ

さて、そこで経済学ではどんな数学が必要であり、なぜ必要かについて考えてみましょう。例えば、日本は年々成長していますが、その成長率はいったいどれくらいなのかとか、また、アメリカの経済力と日本の経済力とはどれくらいの差があるのか、さらに、来年の日本の経済成長はいったいどれくらいなのか、といったことを数字で示すことは経済学の研究では

大変大切な仕事です。この仕事を行うためには数学的手法が必要になってくるのです。

　さらに、今、労働人口が何％上昇し、資本が何％増大したら、日本のGDPは何％増大するのか、といったことを分析するのは重要な問題であり、これも数学的分析の力が必要です。経済学の勉強では、よく「関数」という用語を用います。例えば、生産関数、消費関数、効用関数、投資関数、輸入関数などなど、さまざまな経済状態を分析するのに関数の考え方が必要になってきます。この関数については、中学で一度学びます。高校になると「２次関数」という言葉を使って学びます。この関数というのは、何かが変化すると、それに関わりを持っているものが変化する、ということを意味しているのです。

　前に述べたさまざまな経済理論の中に出てくる関数で表された用語の中から、まず生産関数を取り出して考えてみましょう。

　生産関数とは、ものをつくり出すのに必要なもの（これを「生産要素」といいます）で、ある労働と資本が増大すれば、ものの生産量も増大する、ということを意味しているのです。

　次に、投資関数とは、経済成長をもたらすのに絶対に必要な投資は、いったいどんな要因で増大したり減少するのか、ということを分析するのに用いられるのです。例えば、日本銀行が商業銀行に貸し出すときの金利である「公定歩合」を上げれば、商業銀行は一般企業へ貸し出すときの金利を上げる。すると、そんな高い金利ではお金を借りられない、ということになり一般企業は投資額を減少させる、という投資行動を示しているのが投資関数です。

　また、消費関数というのは、人々の所得が増大すれば消費水準は上昇し、それが結果的に経済全体の繁栄をもたらす、ということを意味しているのです。所得の増減と消費の関係を示したのが消費関数なのです。

　このように、ある経済現象を分析するには数学的手法が至るところに使われているのが経済学の研究です。とりわけ、近代経済学の分野では、数

学の基礎的知識なくしては、経済現象を分析することは難しいと考えられます。この意味からすれば経済学部で、とりわけ「近経」という学問を勉強する場合、数学の知識がある程度必要不可欠になってくることは事実です。

経済学の研究に数学がどんどん使われることを恐れ、経済学の勉強から逃げ出す人々もたしかにいるのですが、しかし、数学が経済学に取り入れられている状況は日本だけに見られるものではありません。全世界の経済学教育に見られる傾向です。特に、アメリカの大学、それも大学院における経済学教育に関しては、数学ができるかできないかで、経済学研究で成功するか否かが決まる、といってもいいすぎではありません。アメリカの大学院での経済学研究では、いわゆる「新古典派」といわれる経済学的考えにもとづいて理論が展開されていることが多い関係から、ほぼ数学的分析手法が不可欠だ、とみなされます。

日本の大学においても、世界の経済学教育の潮流に逆らえず、経済学教育に数学が大幅に取り入れられるようになりました。

### 数学嫌いでも大丈夫！

しかし、入学時に数学の基礎が不充分だからといって経済学の勉強ができないのか、といえば絶対にそんなことはありません。経済学という分野は、入門的な知識を充分に身につけてから段々に高度な理論を学んでいく、というようにシステマティックに成り立っている学問です。したがって、入門科目を学んでいるときに、経済学の理論分析に必要な数学知識を修得する機会はいくらでもありますし、担当する教員たちも、よろこんで指導してくれることは間違いありません。

さて、それでは、数学は嫌いだが、経済学の勉強はしたい、という人にとってどんな経済学の勉強方法があるのか、について考えてみましょう。実は、経済学部においては、この「数学はニガ手だが、経済学部を卒業したい」という学生が大多数なのです。数学がそれほどできなくても立派に

経済学を研究できることは間違いありません。

　それでは、どうしたらよいのでしょうか。経済学の研究分野には、経済思想、経済思想史、経済学史、日本経済史、経済哲学、それに西洋経済史、といった科目があります。これらの科目はそれぞれとても大切な科目であり、それこそ多くの人々がこれらの科目を専門的に勉強し、大きな成果をあげていることは事実です。そして、これらの科目は、その国の人々がこれまでどんなことを考え、その考え方がその国民にどのように影響し、経済の発展に寄与してきたのか、などを研究するのを大きな目的としております。したがって、これらの科目は世界のどこの国の大学の経済学部でも必ず設けられており、重要科目として位置づけられています。

　これらの科目を専攻する人々にとっては数学とか統計学といった数量的分析は大して重要ではなくなります。そこで、数学が徹底的にニガ手という人はこれらの分野を勉強する、という方法もあります。しかし、最近、これらの分野も、計量分析手法が取り入れられるようになったことを述べておく必要がありましょう。例えば、日本でいえば、戦後の経済発展の形態を史的に分析するとき、資本とか、労働の役割りはどれくらいの大きさであったのかを数量的に分析する、という手法が考えられます。

　また、その国で発行された貨幣の量と物価との間にどのような関係があったのか、などを数量的に分析することによって、物価変動の原因をつきとめようとする研究などは、まさに歴史における数量的分析の大きな仕事です。事実、アメリカのシカゴ大学の教授であったミルトン・フリードマンという経済学者は、アメリカで過去100年間にわたっての貨幣量の大きさと物価水準の変化とを分析し、その2つの間には一定の関係がある、という事実をつきとめ、「インフレの原因は貨幣の量に依存する」という大きな発見をしました。彼の研究をもとに、各国の研究者が同じような分析をしたところ、やはり各国でもフリードマンがつきとめたものと同じような結果が見受けられることとなり、そこでフリードマンの研究は世界的に認められることになり、彼にはノーベル賞まで授与されることになりまし

た。そして、フリードマンは世界的な大経済学者の名をほしいままにし、「フリードマン・グループ」とか、「シカゴ学派」という名前までつけられ、最終的には「マネタリズム（通貨主義）」という新しい思想までつくり出すことになったのです。これなど歴史的事実を見つけ出すのに数量的な分析がいかに必要かを端的に示した大きな成果といわなければなりません。

なお、フリードマン本人は、学生時代、数学をもっとも得意とし、大学院へ進学する際、数学を専攻しようと真剣に考えたそうです。そして彼は経済学を専攻するようになっても得意の数学を武器に、「数理経済学の分野」でも大きな成果をあげてきたことをつけ加えておきます。

私自身は学部の学生時代から数学が不得手で、近代経済学を学ぼうと決心してから、コツコツ数学を勉強してきましたが、やはり、難しい欧米の数理経済学関係の論文には歯が立たず、自分の数学的素養のなさにくやしい思いをしたり、腹を立てたりすることがよくありました。いや、今もあります。私自身のこの悲しい現実を告白しておかなければなりません。

また、こんなことがありました。大学院博士課程（名古屋市立大）での入学の際、面接をして下さった教授より「君は数学はできるかね」とたずねられ、正直に「できません。でも勉強はします」と答えたら、その先生は、「そうだ、3年間勉強すれば誰でもできるようになるよ」と、おっしゃいました。その言葉を信じ、数学を勉強しましたが、やはり数学的素養のない身ゆえ、一向に実力が上がらず、院生のゼミでの発表の際、欧米の一流研究者の論文が読めず、発表のとき、数学的分析につまり、そのつど黒板の前で一人ぼう然と立ちつくしました。そして指導教授の先生より、厳しい叱責の声を受ける羽目に会いました。でもそのとき、同じ院生の仲間や、若い先生方に助けられたことを今でも大きな感謝の念をもって思い出します。

### 英語が得意なら経済学を！

さて次に経済学を学ぶにあたって語学、それも英語の重要性について述

べておきましょう。この本の読者の中には、数学はニガ手だが英語は得意という人がきっといることでしょう。私は英語の得意な人に経済学の勉強を強くすすめます。社会科学の学問の中で、恐らく経済学の研究が一番「グローバル化」していると思います。つまり、経済学の理論は、グローバル・スタンダードにもとづいて展開されているからです。前に、経済学には、さまざまな「法則」が存在する、といいました。この法則の他に、「命題」とか、「定理」があって、どこの国で誰が経済学を学ぼうが、ほぼこれらにそって経済学の理論を学ばなければならない、ということになっているのです。

例えば、ミクロ経済学の理論の中に「限界効用逓減の法則」というよく知られた法則があります。これは経済学が成立するためのもっとも基本的な法則なのです。この法則は次のことを意味しています。人は財を手に入れるにしたがって、幸せな気持ち（効用）は増大するけれども、その気持ちは財を得るにつれてだんだんと低下していく、ということです。考えてみるとこんな簡単なことが「法則」として経済学の研究に取り入れられ、それによって経済学が成り立っているのです。

また、国際経済学の分野には「ヘクシャー＝オリーンの定理」というこれまた有名な定理があります。この定理はこんなことを意味しています。つまり、ある国はその国にたくさん存在している生産要素を使って生産する財を輸出する、というものです。考えてみればこの定理も当たり前のことをいっているように思われます。しかし、この定理は国際経済学ではとても大切な定理なのです。

このように経済学の分野には数多くの法則・定理・命題があり、それらの１つ１つをしっかりと学んだ上で、経済学のさまざまな理論を学んでいかなければいけません。

そして、これらの法則とか定理はほとんど外国人の研究者によって考え出されたものであり、文献は、外国語で書かれているのが一般的です。そこで問題なのは、これらを理解するのに外国語、とりわけ英語の力が大変

必要だ、ということです。経済学を真剣に学ぶには英語が得意だということはとても大きな武器となります。したがって英語の得意な人は経済学の勉強に邁進してほしい、と私は思います。

さらに、経済学の分野は、前にもいったように、グローバル的なので、どこの国で学ぼうが経済学は経済学であり、同じ理論を学ぶことになります。したがって、外国の大学で経済学を学ぶ、ということは、他の研究分野に比べてやさしい、とも考えられます。つまり、外国の大学へ留学する機会もたくさんあり、外国の大学で英語で経済学の理論を学ぶ、ということも大いに可能なのです。したがって、英語の得意な人は経済学の研究により向いていると考えて差しつかえありません。

## 日本人の学力問題について

考えてみると、かつては、日本人は「数学のよくできる国民」とみなされ、世界の多くの人々から尊敬の念を集めていました。また、日本人もそのことを誇りにしてきました。事実、私が大学4年のとき、ロータリークラブの交換留学生として初めてアメリカの大学（ジョージア大学）へ留学しましたが、講義中に先生が、「日本人は数学がとてもよくできる国民だ」と大勢の学生を目の前にしてそんなことを言うのです。たまたまその講義を取っていた私は、自身の数学のできなさを顧りみて、小さくなるばかりでした。

このように思われている日本人は、たしかに数学ができないはずはないのです。

### 日本人の数学的素質

ここで、日本人の「数学的素質」の実態を見てみましょう。

表2－1は、文部科学白書で発表されている資料で、日本の児童・生徒の算数と数学の水準が国際的にどの程度の位置にあるかを示したも

のです。この表に示されている数学は、先進国が組織している国際機関OECD（経済協力開発機構）がメンバー国の教育実態を調査した結果から取り出したものです。この表を見ると、なるほど、日本の児童・生徒の数学の水準は上位の方にあります。しかし、中学生の数学の水準が、ひと頃に比べると低下しているのが気になります。

ついでに、理科の水準についても見てみましょう。表2－2は興味ある傾向を示しています。それは、小学校の水準は、どうやら世界でも最高の水準にあるといえますが、中学校では、調査ごとに1つずつ順位を下げている、という事実です。このような傾向にある限り、中学生の理科の水準

表2－1 日本の児童・生徒の成績（国際比較）
―算 数・数 学―

|  | 小 学 校 | 中 学 校 |
|---|---|---|
| 昭和39年（第1回） | 実施していない | 2位（12国中） |
| 昭和56年（第2回） | 実施していない | 1位（20国中） |
| 平成 7 年（第3回） | 3位（26国中） | 3位（39国中） |
| 平成11年（第3回追調査） | 実施していない | 5位（38国中） |

注： 小学校については4年生の成績、中学校については昭和39年、56年は1年生、平成7年、11年は2年生の成績。
出所： 『文部科学白書』平成15年2月刊、文部科学省、10ページ。

表2－2 日本の児童・生徒の成績（国際比較）
―理 科―

|  | 小 学 校 | 中 学 校 |
|---|---|---|
| 昭和45年（第1回） | 1位（16国中） | 1位（18国中） |
| 昭和58年（第2回） | 1位（19国中） | 2位（26国中） |
| 平成 7 年（第3回） | 2位（26国中） | 3位（41国中） |
| 平成11年（第3回追調査） | 実施していない | 4位（38国中） |

注： 小学校については昭和45年、58年は5年生、平成7年は4年生の成績、中学校については各年とも2年生の成績。
出所： 『文部科学白書』平成15年2月刊、文部科学省、10ページ。

は、段々に下がってしまい、10位ぐらいまでになるのはそう遠くないと思われます。

なぜそのようなことがいえるか、といえば、実は、日本の児童と生徒の間で、「理数ばなれ」が進んでいる現状がわかるからです。

### 子供の理数系ばなれ

表2-3を見て下さい。日本で数学が「好き」とか、「大好き」な中学生は半分もいないのです、先進諸国では70％以上の中学生が数学は「好き」とか「大好き」と答えているのに。さらに「数学の勉強は楽しい」と答えている中学生は40％もいないのです。つまり、日本の中学生の多くは、数学など勉強したくもないし、好きでもない、と思っているのです。

この傾向は理科に関しても同じことがいえます。先進諸国では70％以上の中学生が理科の勉強は楽しいと思っているのに、日本では、ほぼ半分の数字なのです。

このように、日本では中学生のときから「理数系科目の不勉強」が目につきます。中学生でこの状態では、もう高校生になると、統計的数字を見

表2-3 数学・理科に対する意識（中学2年）

―数　学―

|  | 数学が「好き」または「大好き」 | 数学の勉強は楽しい | 将来、数学を使う仕事がしたい | 生活の中で大切 |
|---|---|---|---|---|
| 平成 7 年 | 53%（68%） | 46%（65%） | 24%（46%） | 71%（92%） |
| 平成11年 | 48%（72%） | 38%（ー） | 18%（ー） | 62%（ー） |

―理　科―

|  | 理科が「好き」または「大好き」 | 理科の勉強は楽しい | 将来、理科を使う仕事がしたい | 生活の中で大切 |
|---|---|---|---|---|
| 平成 7 年 | 56%（73%） | 53%（73%） | 20%（47%） | 48%（79%） |
| 平成11年 | 55%（79%） | 50%（ー） | 19%（ー） | 39%（ー） |

注：　（　）内の数字は国際平均値を示す。
出所：『文部科学白書』平成15年2月刊、文部科学省、10ページ。

なくてもその状態は手に取るようにわかります。

　なぜ日本の中等教育で「理数系ばなれ」が生徒の中で進んでいるのでしょうか。

　その理由は簡単に見つかりそうにありません。恐らく教育学の専門家が結果を深く分析し、なんらかの明確な理由を見つけてくれるでしょう。しかし、ここで私なりの理由をいえば、1980年代後半に始まった日本の教育政策の「ゆとり教育」の効果が負の形となって現われた結果だ、といえるのではないでしょうか。

　このような状態が中等教育で進んでいるとすれば、「技術立国」を旨としている日本の将来は、案外危いかも知れません。技術水準の向上は「基礎知識」が何よりも重要であり、朝起きたら技術水準が向上していた、ということはまずありえないからです。その国民の技術水準の向上は、国家が一丸となって国民に高い技術水準を修得させる、という目標を設定することが何よりも必要です。そうであれば、小学校や中学校の段階で、なんとか理数系の学問により興味を持たせるような勉強方法を導入し、技術の基礎教育をもっと充実させる教育政策を施すことが必要だ、ともいえるのではないでしょうか。

　高校へ入学する以前にすでに、理数系の勉強に興味を失ってしまい、高校へ入ったらますます理数系の科目を勉強しなくなり、そんな状態で大学に入り、それも、数学の基礎的知識を必要とする経済学部へ入り、さあ、数理経済学を勉強するぞ、と力んでみても、とうてい無理なことがわかります。

　その辺の現状を指して、世間では、「分数のできない大学生」などという大変センセーショナルなタイトルをつけた本が本屋の店頭に並ぶようになったのです。そして、それを契機として、大学生の「学力低下」が現在の大学教育の大問題として論じられるようになったのです。

　とはいえ、日本の児童・生徒達の理数系のレベルは国際的に見て、どうしようもなく低い水準にあるとはいえません。これから努力すれば向上し

ていくでしょう。

### 勉強しなくなった小・中学生

　また、世界の人々は日本の児童・生徒達は日々机に向かい勉学に精を出している、と思っていることが多いらしいのです。しかし、現実にはどうでしょうか。

　表2-4で示されている数字を見ると、わが目を疑いたくなるようです。驚くことに、「宿題や自分の勉強をする時間」は、なんと日本の児童・生徒達が、27か国中最低の27番目なのです。この27か国という国々は、「経済協力開発機構（OECD）」といって、世界の27か国のもっとも経済が進んだ国々が参加している「先進国グループ機関」なのです。アジアでは、日本は長い間その一員ですが、現在では韓国も先進国の仲間入りをしています。

　これを見ると日本の小学校と中学校に学ぶ児童・生徒達の勉強時間がOECDの国の中で一番少ないのです。この数字が事実とすれば、本当に驚くべきことではないでしょうか。

　私達はなぜ日本で小学生や中学生が勉強しなくなったのか、その原因は何か、などについて真剣に考えないといけないと思います。

表2-4　宿題や自分の勉強をする時間
—国際比較—

|  | 宿題や自分の勉強する時間（27か国中） |
| --- | --- |
| 日　本 | 27位 |
| フィンランド | 23位 |
| イギリス | 3位 |
| アメリカ | 17位 |
| 韓　国 | 20位 |

出所：『文部科学白書』平成15年2月刊、文部科学省、10ページ。

# 第3章
# 経済学部での勉強は"楽"、それとも"苦"……

## 経済学部生は"ネコの如し?"

　経済学部に入ってくる学生の多くは、「文科系である経済学部での勉強は、理科系と違って実験や実習などが少ない」ということから、至って簡単であり、充分暇があり、そこで学生生活を思い切り「エンジョイ」してやろう、と思っているのです。そこでこんな言葉がささやかれることもあります。「大学や　就職までの　一里塚」などと……。

　事実、経済学部では、理科系の物理や化学のように実験もありませんし、農学部のように農場実習というような課題はありません。こんな状況を揶揄して、ある大学では「理一、文三、猫、文二」などという言葉があるそうです。理一とは理科一類のことで、理・工学部へ進むコースのこと、文三とは文学部を目指すコースのこと、文二とは、経済学部を目指すコースのことを意味します。つまり、理一や文三に学ぶ学生は自分が望む学部学科へ進むためによい成績を修めようと、大変精力的に勉強するのに、経済学部へ進学することがほぼ確実視されている文科二類の学生は勉強に大して身を入れる必要はなく、そこで彼らは、絶えず陽なたで昼寝をしている「猫」よりも暇だ、ということを表現したかったらしいのです。その大学を出た私の同僚にその真意を聞いたところ、「あたらずとも遠からずですね」ということでした。この大学は、厳しい入学試験で有名ですが、一旦厳しい入学試験に合格し、経済学部進学予定者という切符を手に入れてしまえば、後は「スイスイ」といった学生生活を送れる、というものでしょうか。しかし、事実はこの話のように経済学部の勉強は暇ではありません。

　経済学部では卒業するのに、たいていの場合、120単位から130単位を

必要とします。1年間で40単位ぐらい履習できますから、計算上は3年間で必要単位を取ってしまうことも大いに可能です。もっとも履習したすべての科目を、60点以上で合格した場合には3年間でほぼ卒業単位を取ってしまうことができるのです。1つの科目は4単位ですので、1年間で10科目を履習し、すべてに合格する必要があります。10科目を登録し、すべて60点という合格点でパスすることはかなり難しい仕事だといわなければなりません。たいてい1科目か2科目を落とすのが普通です。中には半分以上を落としてしまい、泣きベソをかいている学生もいます。こんな学生は余程勉強しなかった学生であり、遊びほうだいの生活を送っていた罰だといえます。1年間で半分くらいの単位しか取れないと、4年生になっても40単位以上残していることになり、つまり10科目も取らなければ卒業できない、という状態になり、それは本人にとって悲劇的なことになります。

　というのは、3年生の後半から始まる就職戦線は、4年生になった直後から本格化し、4年生のほとんどの学生は、日頃めったに着ないスーツを着た、いわゆる「リクルート・ルック」というスタイルで、毎日企業訪問をすることになります。この「就職」についてはまた別の章で詳しく述べることにしますが、この就職戦線に身を置くと、大学での授業にほとんど出席できないのです。4年生のゼミはほぼ開店休業の状態になります。つまり、4年生になると講義に満足に出られないことから、積み残してきた科目を取るために講義に出席しながら企業訪問を続けるということは、ほぼ不可能な仕事だ、といえます。

　「二兎を追う者は一兎をも得ず」のことわざのように、日頃勉学を怠っている不まじめな学生は、就職は決まれど卒業はできず、という悲しい目に会うことになります。企業は、内定の決定にあたって、卒業見込み書を提出されたし、と「見込み書」の提出を求めるのが一般的です。単位が驚くほど残されている人には、大学からとても卒業見込み書など発行される道理はなく、せっかく就職が決まったのに、あきらめなければならない、と

いう悲しい目に会うことになるのです。だから、経済学部は"楽だ"などと、一人勝手に決め込み、のんきに学生生活を送っていると、そのツケはすべて本人に戻ってくる、ということを肝に銘じておくべきでしょう。「ローマは一日にして成らず」の例えの如く、日々勉学に切磋琢磨することが、卒業と就職という２つの目的を手に入れるためには必要です。

## バラエティに富む講義

　さて、経済学部の講義について具体的に述べてみましょう。

　経済学部での履習方法は、やはり理科系の学部と違って、必修科目数が少なく、たくさんの選択科目の中から卒業に必要な単位を取っていけばよいことになっています。かつては、１・２年生は、主として「教養課程」といわれ、社会・人文・自然と３つの部門からそれぞれ３科目ずつ履習しなければならなかったのですが、現在では、教養課程という名前すらなくなってしまい、たくさんの科目の中から本人が勉強したい、と思う科目を選択できるようになっています。この教養課程では、文学、物理、数学、日本史、そして西洋史といったような科目を履習しなければならず、学生の間では、「高校の延長みたいな講義だ」とすこぶる人気がなく、また先生方にも、ヤル気のない学生達を、必修だからといって教えるのは苦痛以外何ものでもないと、これまた大変な不人気でした。

## 取りはらわれた「教養課程」の垣根

　そこでいっそのこと教養課程という名称などやめてしまおう、ということになり、今ではほとんどの大学でこの名をつけたコースは消えていまいました。大学によっては、１年生からいきなり、従来では「専門課程（３・４年生を対象としたコース）」に設置されていた科目を講義する、というような現象も起こりました。３月まで受験のために国語や、数学、日本史、そして英語などを毎日毎日、それこそ死にもの狂いで勉強し、やっと

大学に入ったと思ったらまた同じような科目を大学で学ばなければならない、ということはやはり講義を受ける人々にとってはあまり興味の湧かないことかも知れません。そこで、少しでも関心度の高い教育をしようということで1年生からすぐに経済学の専門科目を教えるのですが、この変更も、実のところあまり教育効果が高い、とはいえないようです。といいますのは、すでに述べたように、経済学という学問は、その理論の中至るところにさまざまな「法則・定理・命題」などが見られ、これらの言葉の意味を高校を出たばかりの大学1年生が学ぶのはとても難しく、また違和感があると思われます。

　さらに、大学での大きな教育目的は、幅広い教養を積んだ人材の育成である、といわれていることから、現在のように、入学早々いきなり専門科目を教えるより、かつてのように教養科目をいくつか教え、大学での勉学に慣れ親しんだ頃を見計って徐々に専門科目を教えていこう、という考えも出始めているのです。

　また、教養課程というシステムを取りはらってしまった理由は大学側にもあったのです。従来のように教養課程と専門課程とに分かれていると、教養課程に属している先生方は、専門課程に属している先生方に比べて、専門性の一段と低い研究者と見られ、世間的に見劣りする、などと考えられていたようです。そこで大学にいる先生方は教養課程でも専門課程でも同じ立場の研究者であるべきだ、という考えにもとづいて、この2つの課程の間にある区別は取りはずす、ということが起こったのです。これは関係者の間では「垣根をはずす」という言葉でいい表されていました。実際には、教養課程の先生方と専門課程の先生方との間に、学者として、研究者としての区別や差というものは、当然のこととして一切あるはずがありません。

## 必修科目の重要性について

　さて、経済学を勉強するとき、どんな科目が大切とみなされているか、を見てみましょう。つまり、卒業するのにどうしても取らなければならない科目で、それはたいてい3科目か4科目くらいの科目数から構成されています。

### 必修科目の種類

　その科目を見てみましょう。
（1）　ミクロ経済学
（2）　マクロ経済学
（3）　英語経済学（英書講義）
（4）　専門演習

以上の4科目がだいたい必修科目ですが、この他に1・2年生のときに、語学教育として英語が8単位、第2外国語（フランス語、ドイツ語、スペイン語、中国語など）から4単位が必修となっている場合が多く見られます。

　「留年」という悲しい羽目に陥る多くの場合、この英語と第2外国語の単位が取れなかったということがあります。せっかく苦労して就職の内定を取りつけたのに、卒業延期ということになり、大袈裟な表現をすれば、人生を狂わせてしまうこともたびたびあります。

　語学の講義は、その講義の性質上一般に「出席重視」という形態が取られているので、出席日数が3分の1にも満たない場合、ほぼ自動的に「不合格」となる場合が多いのです。

　ときどき、4年生になってもまだ語学の単位が取れずに残しており、卒業を目前にして、「先生、困った、なんとかなりませんか」、などといってくる学生がいますが、まずどうすることもできないのです。単位不足の原因の大半は本人の努力不足だ、といってもいいでしょう。自分の怠慢を人

に押しつけるのは絶対にいけないことです。

　大学の教育で大切なことは、すべての人々を平等に教育する、ということであり、また私自身も、「努力した人が報われる」というような教育のあり方を求めているのです。

### 必修科目の内容

　次に、必修科目の内容について見てみましょう。

　まず「ミクロ経済学」と「マクロ経済学」の2科目ですが、これは従来「経済原論」とよばれていた科目です。これら2つの科目を合せて、一般に経済原論AとかIとよばれていました。また「マルクス経済学」は経済原論BとかIIという名前がつけられていました。

　「A」は「近代経済学」を「B」は「マルクス経済学」を意味しているケースが一般的でした。学生はこの2つのうちいずれかを必修で履習することになっていました。しかし、1990年代に入って、マルクスの考えを中心にして成り立っていた計画経済が、旧ソ連をはじめとした、その関係国等で破綻をきたすと、マルクス経済の理論を教える「経済原論B」は衣替えをして、名前まで変えることになったのです。それは今では、「社会経済学」という名で一般的に知られています。

　一方、経済原論Aはミクロ経済学とマクロ経済学の2つの科目に分かれ、別科目として教えられています。そして、この2つの科目は経済学部の中でもっとも重要な科目として学生達は全員履習することを義務づけられているのです。ミクロ経済学とマクロ経済学の科目の設置は、ヨーロッパやアメリカの大学のカリキュラム構成を取り入れたものと思われます。

　とりわけアメリカの各大学の経済学部では「Micro Economics」と「Macro Economics」は必修科目として設置されています。

　必要がある限り私の経験にもとづいてアメリカの大学での経済学部での勉学方法を述べるつもりですが、アメリカの大学ではミクロ経済学、またマクロ経済学は、いずれも1年生になったらすぐに履習すべき科目として

経済学部での勉強は"楽"、それとも"苦"…… 第3章

設置されています。日本の大学でも、今では入学したらすぐに履習するように指導されます。そしてこの2つの科目に多くの学生は四苦八苦し、経済学での勉学の難しさを認識するようです。

それほど難しいとされているミクロ経済学とマクロ経済学はいったいどんなことを勉強する学問なのでしょうか。

## 「ミクロ経済学」と「マクロ経済学」

### ミクロ経済学とは

まず、ミクロ経済学の学問的内容から見ていきましょう。

ミクロとは「微小の」とか、「小さい」という意味である、と英和辞典に記されています。したがって、ミクロ経済学は、「微視的経済学」という日本語の名前がつけられています。しかし、この微視的経済学という言葉からは、いったい何を勉強する学問なのか、さっぱりわからない、といえましょう。

ミクロ経済学とは何を、どのようにして学ぶのか、についてもう少し詳しく見てみましょう。

世界でもっとも多くの人々に読まれている経済学のテキストの著者でもあり、ノーベル経済学賞受賞者のポール・A・サミュエルソン教授は、ミクロ経済学が取り扱う重要な課題は、「特定の財の相対価格を決めるものは何か、を学ぶ学問である」と述べています。このことを簡単にいえば、例えば、りんごの価格は、どこで、誰が、どのようにして決めるのか。さらに、りんごの価格が変化したら他の果物の価格はどうなるのか。また、りんごの価格が上がったら社会の人々はどんな利益・不利益を受けるのか、を学ぶ学問なのです。つまり、りんごという「財」が取り引きされることから生じる経済的影響について学ぶのがミクロ経済学です。

### ミクロ経済学の分析手法

　ミクロ経済学で用いられるもっとも基本的な分析手法は「需要」と「供給」の2つによって「財」の価格が決定される、とするものです。この財が取引されるところは「市場」といわれ、財の取引に参加する需要と供給の2つの主体の「力関係」によって価格が決定され、その決定方法について学ぶのがミクロ経済学の主な仕事です。

　需要と供給という言葉は人々が日常よく耳にする言葉であり、慣れ親しんだ言葉に違いありません。需要とは何かを買い求めることを意味します。例えば、りんごを買い求めることを、りんごの需要といいます。

　供給とは、つくること、生産することを意味します。そこで需要と供給とは、「買う」こと、「売る」ことを意味します。この買ったり、売ったりする行為を遂行する動機やその結果どのような影響が社会に生じるのかを学ぶのがミクロ経済学の仕事です。

　例えば、りんごを買いたい、という人の数が、売りたいという人の数よりも上まわれば、りんごの価格は上昇し、りんごの生産者は利益が上がることから生産を増大させます。また、逆に、りんごが思いもよらずたくさん取れた場合、りんごの供給が需要を大きく上まわり、りんごの価格は大幅に下がってしまいます。すると、せっかくりんごがたくさんできたのにりんごの生産者の収入はかえって減少する、ということになるのです。この現象は一般に人々の間では「豊作貧乏」という言葉で知られています。

　このように、りんごを「買いたい」「売りたい」という2つの思惑が価格を決定するのです。この価格決定のメカニズムについて勉強することが経済学に課せられた大きな仕事だ、と考えられます。

　このような考えから、ミクロ経済学はまた「価格理論」だ、ともいわれているのです。

　さらに、ミクロ経済学で学ぶ大きな課題をあげてみると次のように考えられます。たいていの場合、予算には限りがあります。そこでこの限られた予算の中で、生活するのに必要なものを購入するときに、何をどのよう

に買ったらもっとも大きな満足が得られるのか、ということをも学ぶのです。これは「効用最大化の問題」という名前がつけられており、ミクロ経済学の中でも大切な研究テーマだと考えられています。

また、企業にとっても、ものを生産するのに予算があるのが当然です。生産するのにいくらでもお金を使ってもよい、などという企業はまずありません。そこで企業が限りある予算のもとで、ものを生産をするとき、何をどのように生産したら最大の利潤があげられるのかを研究するのも、ミクロ経済学の主要なテーマです。

生産活動に必要なものは「生産要素」といわれ、それは、資本・労働・土地の3つが基本的な要素です。それに技術が加わって生産がより活発に行われることになります。企業は、限られた予算の中、これらの生産要素をできるだけ効率よく使って生産をし、利潤を最大にすることになります。これは「生産の理論」といわれ、ミクロ経済学で必ず学ぶ大切な理論です。

### マクロ経済学とは

「マクロ」とは、英語でmacroと綴り、それは「巨大な」とか、「大きい」という意味だ、と英和辞典に出ています。そこでマクロ経済学とは「巨視的経済学」と日本語で称されています。この巨視的、または、マクロ経済学とはどのようなことを学ぶ学問でしょうか。

マクロ経済学の基本的な考えは、20世紀が生んだ偉大な経済学者である、J・M・ケインズが打ち立てた理論を中心にして構築されたものだといわれています。ケインズは自分が1936年に著した、経済学の分野でもっとも影響力のある書物といわれている『雇用・利子および貨幣の一般的理論』において「なぜ不況はその国を襲うのか、なぜ失業は発生するのか、不況を克服するにはどうすればよいのか、を追求するのが経済学に課せられたきわめて大切な研究テーマだ」と主張し、経済学の分野にマクロ経済学という新しい考えを導入したのです。

ケインズは、経済学において何よりも必要なのは、一国全体の経済活動を活発化し、生産を増大させ、人々の所得を増大させる方法を研究することである、と主張しました。これこそマクロ経済学で人々が学ぶ基本的な考えなのです。
　この考え方によってマクロ経済学は「所得分析の理論」ともいわれているのです。それは、ちょうどミクロ経済学が「価格の理論」と称されていることと同じです。
　マクロ経済学では、一国全体の経済状態を分析の対象とします。例えば、国民所得、投資量、貯蓄量、失業、消費量といった経済全体を表す集計量を指標として、それらがどのような動きをするのかを分析するのかがマクロ経済学の大きな仕事です。
　このような考えに至ったのは、ケインズが1929年に突如として発生した大恐慌がもたらした大量の失業を解消するために、政府の役割の重要性を初めて主張したからです。ケインズは、一国全体の失業を解消し、国民所得を増大するためには、政府は公共投資を増大させ、雇用機会を創出し、それによって失業を解消するという方法を見つけたのでした。これがマクロ経済学の始まりであり、そして一国の経済を成長させていくのに政府の役割りは欠かせない、という考えがマクロ経済学の核心となっているわけなのです。
　マクロ経済学の発展によって、一国内に発生するインフレ・デフレの問題、失業の問題、総生産高増減の問題、などについての解決策が見出されるようになり、一国の経済の安定化はよりスムーズに行われるようになりました。
　マクロ経済学では、すでに述べたように、一国の経済状態をさまざまな指標を用いて分析します。それはちょうど医師が一人の患者の状態を、血液、脈、血圧、内臓の状態と、精密に検査をし、そして最終的に医学的診断を下し、それによって最適な処置を施すのと同じことです。一国の失業、インフレの度合、財政の状態、金利水準、生産の状態などさまざまな

状態を綿密にチェックし、それによってその国の経済状態を診断し、それに適した経済政策を立案する、というのがマクロ経済学の基本的な立場です。

このように考えてみると、マクロ経済学の重要性があらためて認識されるのではないでしょうか。

### マクロ経済学は何を研究する？

マクロ経済学の研究課題は、一国の対外的な取引にも及びます。例えば、日本の輸出と輸入に伴う対外取引の赤字・黒字の問題、資本の流出・流入に伴う国際収支の不均衡の問題などにも目を向けます。

グローバル化やボーダレス化の波が押し寄せている現在の世界において、一国の経済の状態は世界の経済状態に左右される度合が強くなり、一国の政策当局の力だけで経済の均衡をはかる、という仕事は難しいといわなければなりません。

例えば、自由化のもとに世界の国々より、より安い価格の財が日本に大量に入ってくるようになると、日本国内で生産される財への需要が減少し、いきおい日本にデフレが生じることになります。また、日本と外国との金利の差に誘われるようにして発生する資本移動によって日本の対外資本収支は不均衡になり、それによってまた、円とドルの交換比率である外国為替相場も急激に変動することになります。つまり、「円高」とか、「円安」という問題が発生するのです。この円高・円安の発生原因を追究し、それが日本経済に与える影響を分析することもマクロ経済学に課せられた大切な仕事です。

とりわけ、対外取引の影響が一国経済全体にどのように波及するのかを、より重要視する分析方法が「オープン・マクロ経済学」といわれているものです。

マクロ経済学は、国内の所得分析といった問題のみならず、そのときそのときに発生した経済問題にも目を向けるのです。

例えば、日本が現在直面している「平成の大不況」の解決策や、金融機関や企業が抱えている信じられないほど巨額な「不良債権」の発生原因や、その対応などについて考えることもマクロ経済学の仕事です。

このようにマクロ経済学は、現在全世界的に研究者の間で必要な研究分野としてその存在の重要性が認識されており、それこそ、全世界の大学の経済学部で教えられている重要な科目なのです。

このマクロ経済学の基本的な考えは、すでに見てきたように、イギリスの経済学者ケインズが考え出した理論を基礎にして構築されています。ケインズは、前に見たように長い名前をつけた本を著し、世界的に有名になり、世界中の経済学者や、政府で政策を立案する人々に絶大な影響を与え続けた人でした。ケインズの著した本のタイトルはあまりにも長いので、短く『一般理論』という名前でよばれ、経済学の勉強に進む人々にとって「必読の書」とされています。

### 経済の必読書で学問の喜びを

ついでに、経済学の研究にたずさわる人々にとって必ず目を通すべき本だといわれているものをあげておきましょう。

（１） アダム・スミス著『国富論』（1776年）
（２） カール・マルクス著『資本論』（1867年）
（３） ジョン・メイナード・ケインズ著『雇用・利子そして貨幣の一般理論』（1936年）

以上の３冊ですが、アダム・スミスは古典派の経済学者で「経済学の生みの親」といわれています。マルクスは、すでに述べたように、「マルクス経済学（マル経）」といって自分の名前がつけられた経済学の創始者です。そしてケインズは、「近代経済学の生みの親」といわれているのはすでに述べたとおりです。一昔前、経済を勉強する学生は、大学の４年生くらいになると、長期間休みになる夏休みや春休みに、３冊のうちの１冊と参考書をどっさりリュックサックにつめ込み、長期間いなかの山小屋に籠も

り、夏はアンダーシャツ1枚になったり、冬はぶ厚いセーターを身につけたり、頭にはネジリハチマキをしてウンウンうなったりしながら、1ページ1ページ読み進んでいったものだ、ということです。1冊読み終えた頃には、もうすっかり山小屋周辺は夏から秋になったり、冬から春になったりしていて、帰宅する頃には一段と学問的に成長した若者になる、という話も聞いたことがあります。

　この本の読者の皆さんも経済学部に入ったら、有名な経済学者を誰か1人選び、その人の思想や、理論構成、そして、その人が社会に与えた影響などについて徹底的に追求する、という勉強態度を取ってほしい、と私は教育者の1人としていいたいと思います。そのような勉強態度を取ることによって学問の喜び、尊さ、そして偉大さを知ることができ、大学生活がより有意義なものとなることは間違いありません。

## 英語経済学

　次に、英語経済学という科目について見てみましょう。この科目は経済学の理論を英語で書かれている教科書を使って学ぶ、ということから従来は英書講読とか、外書講読、または外国語経済学などと称されていました。この科目の教科書としては、主としてアメリカの大学でマクロ経済学とかミクロ経済学で使用されているテキストが使用されるのが一般的です。その代表的なテキストは、アメリカの大学でよく用いられている、ポール・A・サミュエルソンの『ECONOMICS（経済学）』という本です。

　この本はノーベル賞を受けたほど、経済学に卓越した学者が苦心してできるだけわかりやすく書き上げた、といわれる本だけあって、経済学の核心を学ぶにはとても有効な本ですし、また英語も"洗練"されたものだ、といわれています。

　このサミュエルソンという人は、天才経済学者で、24歳のときに完成した博士論文『経済分析の基礎』という書物で学者としての地位を若くし

て確立し、さらに、この『経済学』という本は全世界で何百万部も売れる「大ベスト・セラー」になり、巨万の富を得た、という人です。1人の経済学者が「ペン1本」で高い地位と巨万の富の両方を得る、というはなれ技をやってのけたということでも有名な人物です。もちろん、それを成し遂げるために、彼は人にはいえない努力を積み重ねたことは間違いありません。

### 英語経済学の目的

　英語経済学の大きな目的は、英語が現在の世界では「世界共通語」であることから、卒業後、産業界へ入っていって世界を舞台にして活躍するときに必要な英語を学生時代から身につけさせておこう、ということです。

　この科目の担当者によっては、テキストとして、アメリカで質が高い新聞と人々の間で評価されている「ニューヨーク・タイムズ」とか、世界中のビジネスマンに愛読されている「ビジネス・ウィーク」などを使う場合もあります。世界経済の現状を英語で学び理解しようという目的で、そういうテキストを用いるのです。

　学生の中には、もともと「英語嫌い」という人もいて、この科目はあまり人気のある科目ではありません。また、受講するにあたって、予習・復習を怠ってはいけないということもあって、学生達はニガ手な科目とみなしています。学生の中にはこの科目が不合格となって卒業が延期というケースも多々見られます。

　しかし、世界はますますグローバル化し、また、ボーダレス化し、各国の経済は相互依存体制に向かうという現実を考えると、経済学を英語で学び、生きた英語を身につけることは、今後一層重要になってくることは間違いありません。

## 専門演習（ゼミナール）

最後に「専門演習」について見てみましょう。この科目は英語のseminarから来たもので、「ゼミナール」、とか、短かく「ゼミ」とよばれているものであります。そして、そのゼミを担当する教員の名前をつけて「山田ゼミ」とか「鈴木ゼミ」とよばれるのが普通です。ゼミは、たいていの場合、2年生の後期からか、3年生になった頃から開始され、2年間以上同じゼミで勉強することになっています。

例えば、山田ゼミに入った場合、その山田という担当教員が金融論を専攻していたら、「山田ゼミ」であり「金融論専攻のゼミ」ということになります。そして、卒業論文も、その先生の指導のもとで、金融論に関連するテーマを選び完成させる、ということになります。

### 勉学の他流試合から友情も

ゼミでの勉学は、まさに学部学生にとって、もっとも力を入れるものであり、ゼミに入って初めて学問らしい学問に出会う、ということにもなるのです。ゼミでの初めの1年間は、そのゼミで専攻する科目の理論を学ぶことになります。そしてその成果をゼミで指導教授とゼミ生（20名前後）を前にして、約1時間発表することになります。その発表では、先生をはじめ、他のゼミ生より厳しい質問を受け、時には黒板を背にしてあまりの厳しさに立ち往生してしまうこともあります。私は、担当しているゼミ生達によくいいます。「できるだけたくさん発言しなさい。たくさん厳しい質問をしなさい。発表者をキリキリ舞させなさい」と。また、発言者には、「厳しい質問を受ければ受けるほど発表内容がよい証拠だから、勇気を出して答えなさい」と、叱咤激励もしているのです。事実、たくさん厳しい質問がゼミ生達の中で交されるほど、そのゼミは活発化していることの証であり、厳しい質問を受けるほどその学生は立派に成長していくのです。したがって、ゼミでの発表は、まさに「他流試合」の感じにすら思え

るものです。このような教育的訓練を受けるのがゼミのあり方であり、またゼミの教育的目的でもあります。

　ゼミは勉強ばかりではありません。時として、その人にとって生涯にわたって友情を結ぶような友人もゼミを通して得ることが多いのです。また、ゼミ生同士で「人生の伴侶」を見つける場合も結構多いのです。

　ゼミではたびたび「ゼミ・コン」が開かれます。それは通称「コンパ」といわれ、それこそ安い居酒屋の一室でゼミ生達が車座になって杯をくみ交すことを意味します。このゼミ・コンはゼミ教育ではつきものであり、ゼミ・コンなくしてゼミでの生活はありえません。ゼミの幹事に面倒見のよい学生がなってくれると、それこそ、頻繁にコンパが開かれます。

　コンパが多いゼミほど活発なゼミであり、ゼミの仲間同士も仲がよく、そして勉強にも身が入る度合いが高いといえるようです。ゼミによっては、新ゼミ生歓迎コンパ、卒業生追い出しコンパ、というのは当たり前ですが、さらに、学期末無事終了コンパとか、夏休み終了コンパ、とか実にさまざまな理由をつけてコンパが開かれます。その都度、余程のことがない限り、ゼミの担当者である私も出席し、学生達と安い酒の肴を口にしながら、ビールを飲む、ということをくり返しています。コンパで学生と酒をくみ交しているときに、学生の一人一人に思わぬよき個性を見ぬくこともあります。コンパで黙々と仲間の世話をしている学生を見ると、「おや、この学生はマクロ経済学はもうひとつできないのに、ずい分といいところがあるな」などと、感心することがあります。こんな学生に出会うと教師としてうれしくなることは間違いありません。

　ゼミでは、年に1回、「ゼミ旅行」と称して、たいてい2～3泊の予定でどこかへ旅に出ます。時には、外国へ出かけることもあるのです。私のゼミでも、香港、マカオ、韓国、上海などと、近場ですが海外へゼミ旅行に出かけました。当然ですが、行き先から、旅行日程、費用といったすべての旅行計画は学生が立てます。時には、私でもびっくりするような立派な「旅行のしおり」を作成し、全員に配ってくれたりします。こんなこと

もゼミ教育の楽しみでもあります。

### ゼミへの批判も

もっとも、ゼミのあり方に対して一方的に賛同の声があるだけではありません。ゼミ教育に対しても批判はあります。例えば、ゼミ単位で実施する「ゼミ旅行」に対しても批判があります。それは小・中学生でもないのに、大学生になってもなぜ団体で旅行しなければならないのか、というものです。また、「ゼミ・コンパ」に対しても、苦しい生活費の中から仕送りしてもらっているお金を、コンパという名の「馬鹿騒ぎ」に使うな、という言葉を耳にすることもあります。

さらに、ゼミでの教育のあり方についても批判があることも事実です。例えば、ゼミでの発表ですが、もうすでに数週間、数か月前に発表の順番が決められているような発表形式では緊張に欠け、そこにゼミ生の間での真剣な討論が起こるはずがない、という言葉を耳にします。つまり、学生間での"ぬるま湯的"なゼミのあり方では、研究の真のあり方を知ることはできない、というものです。

たしかに、日本の若者は人前で自分の意見を述べる能力に欠けているのはよく知られた事実です。アメリカの大学で学んでいて、日本の学生とアメリカの学生との間の決定的な違いは、アメリカの学生は、いつ、いかなるところでも疑問が生じると質問をすることです。また、相手の意見に対して自分の意見を、たとえ正反対であっても、いや正反対であればあるほど、堂々と述べるのです。

しかし、日本の大学では事情がまったく違います。授業中、学生が手をあげて発言するということはあまりありません。学生達は、"沈黙は金なり"という言葉を信じているのでしょうか。実は、自分の意見をちゃんと発言できない人は一人前とは認められないのがアメリカの社会です。したがって、アメリカでは低学年から、いわゆる"ディベイト"の訓練をするのです。しかし、日本の小学校、中学校で子供達がディベイトの時間を持

った、などという話を聞いたことがありません。日本は伝統的に「一方通行の教育」なのでしょうか。

### 人との触れ合いが成長の糧

しかし、それでも、なお一層大学ではゼミ教育が必要なのです。「なれ合い」といわれようと、「ぬるま湯的」といわれようと、ゼミは教員とゼミ生が個人的に触れ合いができる貴重な場であり、そこには、大袈裟な表現をすれば、教員とゼミ生との温かい人間関係が芽ばえる、とも考えられます。

さらに、たとえ発言する学生が少ないとはいえ、学生にとって人前で発言する訓練の場となるのがゼミなのです。したがって、ゼミ教育は、大学教育にとって必要不可欠な教育の場である、とも考えられます。

ゼミを選択する場合、すでに述べたとおり担当教員の名前をつけたゼミに応募していくことになります。そこでは、定員の何倍も応募者が殺到するゼミから、応募者ゼロという、まったく人が集まらないゼミもあります。

学生達がゼミを選択する場合、「あの先生だけはやめておけ」とか、「あの先生は面倒見がいいぞ」といったように、だいたい学生達の口コミによるようです。概して、授業中、難しい数式をバンバン使って難関な理論を教える教員のゼミには学生は集まらないようです。経済学の理論の展開を主としてまじめに行うゼミには人が集まらず、比較的放っておくようなゼミにはたくさんの応募者があるようです。近頃の若者は上からガミガミいわれることを嫌う傾向にあるということは、時代を反映した現象といえるのでしょうか。

教員にとっても、自分のゼミに学生が、よく集まる、集まらない、というのは人気バロメーターのようでもあり、また、学生達によってつけられる教員の「市場価格」のようなものでもあり、あまり気持ちのよいものではありません。学生がよく集まるゼミの教員は、なんだか意気揚々として

いるようにも感じられ、逆にまったく集まらないゼミの教員は意気消沈といった感じがしないでもありません。

いずれにしても、ゼミは学生にとっても教員にとっても貴重な存在なのです。

## 経済学の知識は世界共通 ―経済学検定試験について―

経済学という学問は、社会科学の分野の中でも、もっとも普遍性に富んでいる学問だ、と見られています。このことは、経済学は、日本で学ぼうが、外国で学ぼうが、基本的には同じような知識が得られるものだ、ということを意味しています。

また、日本の大学の経済学部で勉強した経済学の知識が、ロンドンの金融機関で働いたとき、また、国連のような国際機関で働いたときに、きちんと通用しないと、日本の大学で学んだことが無意味になってきます。

本人にとっても、数年間、経済学部で学んだ知識はいったいどれくらいであるのか、そして、その知識は、世間でどれくらい通用するのか、を知りたいと願うのはごく当然のことでしょう。

アメリカの大学では、自分が学んだ経済学の知識を知る方法があるのです。それは、「大学院検定試験」といわれ、英語で GRE（Graduate Record Education）とよばれているのです。卒業を間近に控えた学生の間で、「もう GRE 受けた？」という会話が飛び交うのです。

アメリカの大学では、経済学のような社会科学分野を専攻した学生が大学院へ進学することは、ごく当たり前のように考えられているのです。そこで、大学院への進学を希望している学生はこの GRE を受けて、その点数を入学を希望している大学へ送るのです。

アメリカでは、日本のように、各大学院で独自の入学試験をする、ということはありません。入学希望者の経済学の知識の判断は、すべてこの GRE にもとづいて行われます。有名な私立大学の大学院へ入学を許可さ

れるためには、それ相当高い点数をGREで取る必要があります。

　留学生に対しても例外なくこのGREの点数の提示を求められます。

　私自身もジョージア大学の大学院へ入学するときこのGREを受けました。そのときの点数については……。正直にいうと、GREそのものは私にはとても難しかったことを今でもよく覚えています。

　日本で勉強した経済学の知識は、アメリカの大学院へ入学するのに果たして通用するのかどうか、ということは、留学を希望する本人にとっても大きな関心事だ、といえるでしょう。

### 世界での実力を知ろう！（ERE）

　幸いなことにそのような問題を解決する方策が最近日本でも考えられるようになりました。それは、経済学検定試験といわれる経済学の統一試験が行われるようになったのです。この試験は、英語でEconomics Record Examination（ERE）といわれ、アメリカのGREによく似た形式を持った試験だ、といえなくもありません。しかし、この試験を受けることによって、自分の経済学の知識はどれくらいかを、知ることができますし、また、この試験の成績を上げることを目標に経済学の勉強に身を入れることもできます。なぜなら、もし、日本の大学の大学院とか、銀行とか、名の知れた企業、さらに民間の研究機関などが入学試験とか入社試験に、これまで、独自でやっていた試験のかわりにこのEREを受験し、その結果の提示を求められるようになると、EREの重要性が増してくるからです。

　EREとは、いつできて、どんな問題が出題されて、その影響はどれくらいあるのかについて見てみましょう。手元にある説明書によると、経済学の実力を測る全国統一の試験として、EREは2002年の春に開始されました。主催団体は、日本経済学教育協会であり、運営にあたっているのは、日本の経済学界を代表している研究者のグループです。

　EREで出題される科目は、ミクロ経済学、マクロ経済学、金融論、財政学、国際経済学、統計学、そして時事経済といった7科目の多岐にわた

っています。これらの出題科目から容易にわかるように、EREは、どうやら近代経済学の中でも数理的で、理論的な分野の基礎知識のレベルを判定しているようです。

こうして見ると、数理経済学を含む理論経済学を主として学んだ学生にとってはこの試験は大変有利だ、といえそうであり、学史的な経済学やマルクス経済学を中心にして学んだ学生には、かなり不利だ、ともいえそうです。

このことがこの試験の1つのウィーク・ポイントであり、これがマイナス要因となって、なかなかこの試験を受ける人員が増加しないと見られています。

もっとも、アメリカの大学の例を考えれば、経済学のどのような分野を専攻しようと、必ず、ミクロ経済学とマクロ経済学の2つの科目を履修しなければならないのです。一方、日本では、「近代経済学はニガテだ」と自分で決めてしまえば、別にミクロもマクロも履修しなくても卒業できる仕組みとなっている大学もあります。

しかし、経済学部で経済学を学び経済学士となるためには、やはり、経済学のさまざまな分野を学んでいくのにきわめて必要と思われる、ミクロとマクロの2つの経済学の知識は必要です。その辺りの事実を反映してか、EREの試験の中に2003年10月より「EREミクロ・マクロ」というカテゴリーが新設されるようになったのです。

したがって、ミクロ経済学とマクロ経済学とを、まずしっかり学び、この2つの経済学の基礎知識がどれくらいついているかをこの試験を受けて自分で判断し、さらに専門性の高い経済学の各科目を学んでいく、という学習方法が考えられています。

アメリカの大学で経済学を学んでいて日本と違うなあ、と思うことの1つは先生方の担当科目が多岐にわたることでした。私が個人的にも親しくしていた先生は、経済学史を専門に上級生と院生に教えていましたが、マクロ経済学も同時に教えていました。それもかなり難しいマクロ経済学の

理論を教えていたのです。そこで私はその先生に、「なぜ難しい科目を２つも教えることができるのですか」とたずねると、その先生は、「博士号を取るときの厳しい資格試験に合格するために、ミクロもマクロもしっかり勉強したからね」と、いとも平然といいました。

　日本の大学で、２つの専門科目を教えるということは、まずありません。ただひたすら自分の専門科目だけを毎年くり返し教えているのです。アメリカ方式がよいのか日本方式がよいのか一概には断定できませんが、いずれにしても、経済学を勉強するからには、ミクロ経済学もマクロ経済学も学ぶ必要があります。

# 第4章
# 経済学部での教育のあり方

## どんな先生が経済学を教えているのか

　多くの人々は、さまざまな理由で経済学部に入学してきます。ある人は、本当は法学部へ入って弁護士になりたかったのに、入試に失敗したので、たまたますべり止めで受けた経済学部に合格したので入学したとか、また、親がどこでもいいから浪人だけはしてくれるな、リストラで生活が苦しいからと頼むから、あるいは入りやすいと思ったから経済学部に入ってきたなどという入学動機から、また、将来、理論経済学を専攻し、日本の一流「シンクタンク」へ勤め、日本経済の政策を立案したい、という大きな志を抱いて入ってくる人々もいます。また、経済学の知識をしっかりと身につけ、日本を代表する企業に、商社に、そして銀行に職を見つけ、世界を駆けまわりたい、という動機で入学してくる学生もいます。日本銀行に勤めたい、とか、国家公務員Ⅰ種（国Ⅰ）の試験に合格し、日本の将来のために貢献したい、という希望をいだいて入学してくる学生も、当然います。

　そんなさまざまな動機を持った、手っ取り早くいえば、モザイク（mosaic＝寄せ集め）的な人々が入学し、1つの学部を形成し、そこで、またモザイク的な学問を修め、そして、またモザイク的な業界を選んで進んでいきます。経済学部に入ってくる人々の中には、理学部へ行って数学を勉強した方がよいと思うほど数学の得意の人から、先生もたじたじするほどの英語力を持った人、さらに、日本の歴史ならどんなことでも知っている、といった経済学以外の「特別な能力」に秀いでている人々もたくさんいます。

### 大学の先生とは？

　そんな多種多様な能力と志を持って入ってくる人々を教えている「先生」はいったいどんな人達でしょうか。大学の先生は、世間の人々からおしなべて"一風変わった人"と見られがちです。つまり、「奇人・変人」の類と見られていることもままあるようです。なぜ大学の先生は世間からこんなふうに見られるのでしょうか。その大きな理由に、世間の人々が朝から晩まで忙しく職場で働いて、儲けたとか、損をしたと一喜一憂した生活を送っているのに、大学の先生は、そんなこと一向におかまいなしに、自分の書斎に籠もって悠然と、世間ばなれした小難しい書物を読みふけっている、という生活を送っているからだといえます。もちろん、テレビの「バラエティ番組」や「ワイド・ショー」ましてや「ヨロメキ・ドラマ」などには一切目を向けない、そんなショーやドラマなどには関心をまったく示さない、というのが大学の先生だ、と見られています。

　明治時代の学者の中には、自宅の書斎に籠もりっ切りで、研究に没頭するあまり、いつ「日露戦争」が始まって、いつ終わったかも知らない人がいた、とまことしやかにいわれていたくらいです。このように俗世間的なこと（戦争は国家の一大事ですが）には一切目もくれない、という大学の先生は結構たくさんいるようです。事実、私が大変お世話になったある先生は、当時、日本でもっとも人気の高かった女優、「吉永小百合」という人を知りませんでした。私達が研究会の後で、自分好みの女優さんのことをあれこれとしゃべっていたら、「そのヨシナガという女の人は何者ですか」と真剣にたずねられたのです。私達は、吉永小百合という国民的女優を知らなかったその先生の世間ばなれした姿勢にびっくりするやら、なるほど、一流の経済学者になるにはこうでなければならないのかと、感心したりもしました。私達はその先生の前ではもう二度と女優の話しなどをしなかったのは申すまでもありません。

　若い先生の中には、これほど世間ばなれした人はいませんが、それでも、この人は絶対に規則正しい生活をしなければならない「会社勤め」は

できない、と思われる人はかなりいます。いや、そういった人々の方が多いかも知れません。

　小学・中学・高校の先生方は「教諭」とよばれていますが、大学の先生方は、国立大学では「教官」、私立大学では「教員」とよばれています。国立大学の先生方がなぜ教官とよばれているか知りませんが、恐らく、国立大学は「官立」といわれたところから、そこで働く先生方は教官といわれるのでしょう。この教官という響きはなかなかのものらしく、ときどき書類などで「教官殿」などとよんだりして先生方の自尊心をくすぐったりする向きもあるようです。

　私は大学院を出て、ずっと私立大学に勤めていますので、教員という身分しか知りません。もっともその国立大学も、「親方日の丸」的な大学運営をやめて、国立大学においてももっと競争力を高め、質的に向上させなければ世界の学問水準から取り残されてしまう、という目論みから、2004年から「独立法人化」が実施されることになりました。すると、国立大学の先生方はもう「教官」ではなく、「教員」という名称になるはずです。

　長年日本の社会にあって、国立大学の存在はまさに「官尊私卑」といった言葉をつくり出した源の１つであった、という事実を考えると、独立法人化によって、この言葉は日本の社会から消えていく要因にもなることでしょう。

　そもそも「官」という職に就く人々が尊敬されて、「私」という職に就く人々は一般に低く見られる、という風潮は、まったく間違っている、と私は思います。しかし、この風潮は、最近の日本では消えていくように見られます。日本では National University（国立大学）が Private University（私立大学）よりも一段と上に見られる、とアメリカでいうと、人々は、「へえー、日本の社会って不思議だね」、といわれます。事実、アメリカの大学は、私立大学の方が州立大学よりはるかに質的に優秀だという傾向にあります。

### 修士・博士課程を経て先生になる

さて、官立だろうと、私立だろうと、大学の先生方は質的に差はない、と一般に見られています。大学の先生になるためには、それこそ気の遠くなるほど学問や研究を積み重ねていかなければなりません。

大学を出ると（この場合、学部ですが）まず大学院へ進学します。大学院は2年間修士課程で学びます。もちろん、大学院へ進学するためには、かなり難しい試験を受け、合格しなければなりません。大学院の入学試験は、経済学の専門知識がどれほどあるかという専門科目の試験から、語学（英語は必修で、ドイツ語、フランス語、そしてスペイン語などより選択可能です）の試験があります。

この試験に合格するために、志願者はかなり真剣に勉強します。日本の企業では、一昔前までは、大学院出身の人を採用しようとする傾向は低かったのですが、最近は、大企業はいうまでもなく中小企業も大学院（修士課程）の出身者を採用してくれるようになりました。それも学部卒と大学院卒とでは初任給にも差がつくようになりました。こんな傾向も人々をして大学院へ進ませる動機ともなっているようです。経済学関係の大学院への受験倍率は2～3倍、いや大学によってはそれ以上になろうか、と思われます。

修士課程を終えると、人によっては博士課程へ進学していくことになります。博士課程で学生達は3年間以上在籍することになり、気の遠くなるほど長い年月を大学院で学ばなければならないのです。

博士課程の学生になると、もう一人前の研究者とみなされ、講義を受ける、という仕事以外に、どんどん論文を作成していかなければなりません。というのは、博士課程の3年生になると、どこかの大学に職を見つける準備をしなければならないからです。大学で職を見つけるのはなかなか骨の折れる仕事であり、博士課程を卒業目前にした若い研究者は、それこそ血眼になって職探しに奔走する羽目になります。

第4章 経済学部での教育のあり方

## 大学教授になる方法

　それではどのようにして大学で職を見つけるかについて述べてみましょう。その方法は、大まかにいうと2つの方法があります。

　1つ目は、ある大学の教授と、本人の指導教授が友人同士であったり、師弟関係にあったりするとき、その大学に、1つ席に空きが生じたりすると、教授同士とか師弟関係にある人達の間で話がつき、本人に招聘がかかりその大学に赴任していく、というケースです。これは、大学関係者の間で、俗に「一本釣り」といわれている採用方法です。ある大学で先生が死亡した、とか、また、先生が他大学へ転出してしまい、急に空きができてしまい、「急に人事をしなければならない」といった場合に、このケースの採用人事が行われます。

　2つ目には、いわゆる「公募」といわれる採用方法が考えられます。この採用方法は、例えば、「経済政策」の担当者を募集したいとすれば、その大学は、全国の大学の経済学部長と経済学研究科長に、資格のある人を推薦してほしい、という通知を出すのです。するとこの通知を見た博士課程の3年生、またはそれ以外にも自分に資格がある、と思う人が応募することになります。1つの席を求めて50人も、時には100人以上も応募してくることがあります。アメリカの大学院ドクター・コースで博士号を取った人までも応募してくることがあります。たった1人を採用するのにこの応募状況です。採用にあたって、学部の中で審査委員会が設置され、その学部にもっともふさわしい人を見つけ出し、採用していくことになりますが、審査委員会の委員の先生方は大変な思いをするのです。つまり、応募者が提出した論文を、それこそ何十という論文を丁寧に読み、その「良し悪し」を判定しなければならないからです。一日に、どんなに努力しても10本も読めるはずがありません。それこそすべての論文を読み終えた頃には委員会の先生方はヘトヘトになり、もう論文を見るのもイヤだ、といった状態になります。

そして、最終的に３人ぐらいの候補者にしぼり込み、教授会に結果報告をし、教授会全員による投票で１人だけを決定する、という方法が取られます。このような厳しい人事審査を経て採用された本人の喜びは、それこそ「天にも昇る」と表現されるほどうれしいものであります。
　大学の教員になった人々は、大なり小なりこれと似たような経験を持っているはずです。もちろん、不運にも何回も何回もその公募に落ちてしまい、なかなか正式に採用されない、という人々も、残念ながらたくさんいます。私のように、大してできのよくない者が、長年も大学教員として研究生活ができることに感謝しているのも事実です。
　さて、無事に審査委員会の厳しい審査に通り、教授会の投票で「合格」となると、正式に教員となり、たいてい「専任講師」という地位が与えられ、新進気鋭の若手経済学者として「世に出る」ことになります。もちろん、専任講師になれば、「月給＋ボーナス」が支給され、さらに、年間まとまった「研究費」が支給され、少しは経済的に恵れた研究生活を送ることができます。この「幸運」を手に入れるのはなかなか難しいことであり、大学院博士課程に入ると、それこそ夜と朝の区別なく勉強に打ち込み、論文作成に没頭しなければなりません。
　大学院の院生を支える経済的援助は、奨学金が主となっていますが、その他に、学習塾の講師や、さらに予備校の講師、といった仕事をやりながら勉学にいそしまなければなりません。学習塾とか予備校の講師としての仕事は、責任もあり、なかなか厳しく、予備校での仕事と、論文作成の追い込みとが重なり、苦労することが多々あるようです。
　しかし、時には、かつて予備校で教えた"教え子"と、専任講師となった大学の講義室で偶然にも再会し、お互いに"目的"を達した喜びをたたえ合う、といったほほえましい光景に出くわすこともあるのです。教師の喜びは、学生がいる限り、どこにでもころがっているようにも思われます。
　さて、専任講師になると、早い人で３年、遅い人でも５年をすぎると、

「助教授」という地位に就くのです。といっても、この地位に、全員自動的に就ける、ということはありません。年に、最低で1本、ないし、2本の学術的論文を定評ある雑誌等に発表しなければならないのです。すると、3年で約5本の、学術的に評価された論文が完成することになり、晴れて助教授となれるのです。助教授には、早い人で30歳でなることもありますが、だいたい33歳から35歳というのが平均的な年齢です。

### 論文の作成は一大事

ところで、「論文」を書く、という仕事はなかなか骨の折れる仕事なのです。時には、大学の先生は、年がら年中、自宅に引き籠もり、どこへも出かける様子もなく、「お宅のご主人は暇そうで、よろしいなあ」と付近のおかみさんにいわれる、などと家の者がいうことがありますが、朝から晩まで机に座って、頭をひねりながら、学術論文を書くのはとても難しい仕事なのです。毎日毎日机に座っていても、原稿用紙にして、たったの1枚か2枚しか書けず、思わず「こんな仕事つらいなあ」と一人つぶやくことがあります。しかし、何日も何日も苦労して、やっと論文が完成したときに味う喜びは何ものにも勝るものがあります。

助教授になると次には教授という地位に登らないといけません。教授になるには、助教授となって、早い人で7年後にその資格が得られるのですが、7年後にすぐに教授になる人は、ごくまれといわなければなりません。だいたい10年くらいかかる、というのが常識的です。そこで教授になる年齢はもっとも早い人で38歳くらいです。しかし、40歳から45歳くらいまでが教授になる平均的な年齢だといえます。

教授には、全員自動的になれるわけではありません。これがまた、なかなか難しいことなのです。助教授時代に、最低、年に1本から2本の論文を完成させるか、または、「学術的な専門書」を完成させておかなければならない、というのが条件です。大学の先生の中には、教科書的な本は書けるけれど、専門書を書くのは難しい、と専門書を執筆する難しさを口に

する人がたくさんいます。しかし、経済学のあらゆる分野の知識を豊富に貯え、それを、かみ砕いてわかりやすい文章で綴っていくことは、それこそ誰にでもできる仕事ではなく、経済学の難関な理論に造詣が深い学者だけにできる仕事です。したがって、一流の経済学者が執筆した「入門的な」教科書はすばらしい学術的業績だ、といわれているのです。

## 課程博士と論文博士

また、学術的な業績の他に「博士号」の修得が求められることがあります。この「博士号」というのは、なんだかわけのわからない"しろもの"です。大学院博士課程を出ても、自動的に博士号が取れる、ということではありません。昔からよく、「末は博士か大臣か」という言葉を耳にしますが、博士号を取る、というのは大臣になるのと同じくらい難しい仕事だ、といわなければなりません。もっとも、現代の日本の社会にあって、政治家の資質が落ちたといわれ、そんな政治家がなる大臣の資質もずい分落ちた、とも見られています。大臣になっても、個人の利益のために業者などから「賄賂」をもらい、それがバレて大臣どころか、議員失格という事態に追い込まれるというスキャンダルを新聞などで目にすることがあります。同じく博士の値打ちも大臣並みに落ちてしまったのでしょうか。たしかに、理科系の分野で博士号を取る、ということは当然と思われていますが、文科系では現在でも大変な仕事であるに違いありません。

大学院の修士課程から自分の専門としている専門分野を博士課程でも精力的に研究し、博士課程を出てから3年以内に博士論文を完成させ、それを提出し、一定基準をクリアすると博士号が授与されます。その場合の博士号を「課程博士」とよんでいます。最近の傾向として、経済学の分野でもこの課程博士を取る若い研究者が結構多いのです。課程博士号を取る人は30歳そこそこということになります。

若いうちに博士号が取れるようになったのは、日本の大学院ドクター・コースのあり方がアメリカのドクター・コースを見習うようになったから

だ、と思われます。

アメリカの大学院ドクター・コースではコースを修了すると同時にいずれの分野でも博士号がもらえる仕組みになっています。

アメリカの大学での博士号は Doctor of Philosophy といわれ、短く PhD と略してよばれています。大学院へ入学している学生のほとんどはこの PhD を取ることを大きな希望としていますし、大学院を修了して「PhD」の称号が与えられた喜びは、本人にとって一生の記念になるくらいです。なぜなら、アメリカのほぼどんな大学でも、教員になる条件に、「PhD holder（博士号保有者）に限る」という条項があるのです。つまり、大学の先生になりたければどうしても PhD を取らなければならないのです。したがって PhD を取るということは、これで大学の先生になれる、ということになり、喜びも中途半ぱなものではないことがわかります。

また、博士課程を出て、苦節何十年、専門分野の学問と取り組み、論文を完成させ、学位申請論文として大学院へ提出すると、博士号が授与されます。その場合の博士号は「論文博士」とか、短く「論博」とかいわれます。研究者の道に入ったからには、この論文博士がほしい、という願いを持っている人々は多いのです。「末は博士か大臣か」といわれる博士はこの論文博士のことを称していることと思われます。昔は、それこそ、戦争の開始も終了も知らずして学問に没頭した大学者にのみに与えられた称号が「博士号」だった、とも考えられます。

### 学内業務で大忙がし

このような過程を経て、教授になってしまえば、後は、何の称号もありません。しかし、大学の教授になると、人によってはさまざまな仕事をしなければならないのです。つまり、学内業務に就くことになるのです。1つの大学を運営していくためには、それこそ数多くの業務があり、先生方は、この学内業務を手分けしてこなしていかなければなりません。

例えば、「学生部長」とか、「就職部長」、そして「入試部長」といった

仕事です。その他に「学部長」という仕事もあります。それらの「長」に就くのはたいてい教授の地位にいる先生方です。これらの長に一度就任すると、たいていの場合、最低2年間はその仕事に没頭しなければならないし、また、これらの長の仕事は、かなり激務なのです。先生方の中には、「こんな仕事をするために大学の教員になったのではない、それより学問が大切だ」といって、これらの職に就くことを拒絶する人もいます。それもそのはずです。一度、長という役職に就くとその間は、一冊の専門書も読めないほど忙しい日々を送らないといけないからです。学問に没頭することのみを自分の生きる道と決め込んでいる人には、大学の役職など絶対に似合わないのです。こんな考えを持って研究者生活を送っている人々は結構多いのです。

　しかし、よく考えてみると、大学を出て大学院へ進学した人の中には、「一般の企業に入って、営業だ、経理だ、はたまた労務だ、といった仕事に就くことに自分は向いていない」、また、「課長だ、部長だ、取締役だ、といった"昇進競争"に勝てる自信など、まるっきりない、と悟ったからなのだ」という人もいます。「ただ、本を相手にした人生を送りたい、と願っただけである」、といったような人生哲学を持っている人に、ただ教授だからといって、その人は長としての仕事などできる道理はありません。大学の先生方の中には、この「役職不適格」とか「役職不適合」と思われる人々がかなりいることも事実です。

　といっても、大学の教員になって一生、「専任講師という地位でよい」とか、「助教授でよい。教授などになりたくない」という人は、ほぼ皆無です。教員の中には、教授になると、学内の雑用が多くなるから、といってなるべく遅くに教授になろう、とする人はたしかにおります。しかし、一生教授になりたくない、という人はまずおりません。

# 経済学部での教育のあり方　第4章

## 講義は"楽しい"か"苦しい"か

　さて、次に、大学の先生方はどんな授業をやっているのか、講義の実態について見てみましょう。

　大学の教員には、講義の「指導要項」というものは一切ありません。小学・中学、そして高校の先生達は、都道府県庁に設置されている教育委員会の指導によって教育を実施したり、また、文部科学省が公認した教科書を用いて教育しているのですが、大学というところは、講義に関しては、まったく担当者の自主性にもとづいて行われており、何を、どのように教えようが一切どこからも指導がありません。まさに大学は"自由"なのです。

　教員の中には、教え方がうまくて、学生達が絶賛を博す人がおります。また逆に、何をどう教えているのかさっぱりわからず、学生達から絶えず苦情をいわれている教員もいます。教え方については、まさに各人各様です。というのは大学の専任講師になって教壇に立っても、誰も何をどのようにして教えたらいいのか、などについて一切教えてくれないのです。したがって教え方についてはすべて自分で考えないといけません。教員の中には、教えることに対してあまり関心を示さず、もっぱら難しい論文の作成のみに集中している人もいます。このような教員の講義は概して面白くありません。

　一方、教えるのが好きで、絶えず工夫をこらし、学生達に大きな刺激を与え続けている人もいます。大学教員として最高の資質は、研究も大いに行い、授業にも大きな情熱を注ぐ、といった姿勢を持つことですが、このように両方を備えた人はあまり多くない、というのが現実です。

　私がかつて教わった一人の教授は、日本経済史の研究分野での大きな功績が認められ、学士院賞まで授与された高名な先生でしたが、その先生の授業は、とても"独特"でしたし、"個性"にあふれていました。授業へは、決まって15分遅れてやってきて、40分ぐらいすぎると必ず、「今、

何時ですか、あーそう、もうそんな時間ですか。皆さんも何かとご都合があるでしょうから、今日はここまでにしておきましょう」と、平然と授業を半分しただけで終わるのです。もし、私如き教員がこんな授業をしたら、学生から総スカンをくらうこと間違いありませんが、その先生の場合、誰も文句をいわないのです。そして学生の講義への出席率もよく、授業も静かに聞いているのです。つまり、学生の多くはその先生の教育者・学者としての高潔な人柄にひかれていたのです。こんな先生は、まずまれだ、ともいえます。

### 大切な講義の準備・研究

　このように、授業のスタイルは先生方によって千差万別ですが、ただ授業時間数だけはしっかりと大学の規則によって決められています。大学によって多少の違いはありますが、講師は、1週間に4コマ、助教授以上は5コマ、と決められているのが普通です。1コマとは、1週間に90分の講義を1回することを意味しています。したがって5コマとは、1人の教員が90分の講義を1週間に5回行うことを意味し、これが各教員に課せられた仕事上の義務であり、一般に「ノルマ」という言葉で知られています。このノルマというのは、どうやらロシア語らしいのですが、英語でもnormと綴り、この言葉の意味を辞書でひくと、ノルマ、基準、規範と訳されており、さらに、労働の基準量のこと、と説明がついている場合もあります。しかし、ノルマとは大学社会ではしっかりと定着した、そして、大切な言葉でもあるのです。

　世間でこんな言葉がささやかれているのを耳にします。つまり、「大学の先生は、教える時間数も少ないし、暇でしょうがないでしょう。まるで大名みたいですね」というものです。昔の大名が果たして仕事をあまりしなかったのかどうかわかりませんが、大学の教員は労働量が少なく、楽な仕事だ、とも思われているようです。

　しかし、現実には週5コマというノルマはなかなか厳しいものなので

す。1コマは、前にも述べたように90分の講義のことですが、この1コマのために、だいたい2時間が準備時間として設定されているのです。すると、週5コマで10時間という時間数が準備時間であり、これだけの時間をかけないとよい講義ができないということなのです。そこで準備時間と講義時間を合計すると17時間30分というかなり長時間になるのです。もちろんこの17時間30分という時間数は、一般企業で働くサラリーマンの約半分ほどしかない、とも見られがちですが、大学の先生方は、夕方自宅へ帰って夕食をすますと、書斎に入り、また机の人となって仕事（この場合勉強）をするのです。そんな毎日をくり返して論文を書いたり、専門書を書いたりと、学者・研究者としての仕事をしているのです。

こんなことを書いていると、大学の先生は講義と研究だけに精力を費し、まったく無味乾燥的な人生を送っているのか、と思われがちですが、実は、大学の先生の中には、趣味に生きているような人がかなりいます。学生と一緒に行くコンパでのカラオケでは、学生など足元にも及ばないほど歌をうまく唄う先生もいます。

碁が滅法強く、五段という腕前で、ひねもす研究室で、やはり碁の好きな同僚と、また囲碁部の学生達を相手に碁を指している人もいます。

また、本人の専門科目は数理経済学なのに、語学、それも英語以外の外国語の修得に異常なほど興味を持ち、長年コツコツと勉強し、5か国語をものにしてしまったという語学の達人もいます。

経済学の専門家でありながら、クラシック音楽の造詣が驚くほど深く、講義中に、経済学の講義をそっちのけで滔々とクラシック音楽の真髄について話し出す人もいます。

絵画や文学の知識に長けている人も多いですし、どういうわけかスポーツのできる人が多いのにはびっくりします。教員は、大学でさまざまなクラブの部長とか顧問の仕事をしなければいけません。テニスの大好きな人がテニス部の顧問になると、学生と一緒に合宿に参加して、学生並みに技術を上達させてしまうこともあります。

大学人とは、まさに"自由人"なのです。こんな多芸多趣味に富んだ教員が多いほど、その大学は学問的にも、教育的にも活性化し、学生達と教員達との交わりも密になり、望ましい教育環境がつくり出されるに間違いありません。

# 第5章
# 経済学を学ぶときの英語の重要性

## 英語がよくできると経済学を学ぶのに有利

　経済学部で経済学のさまざまな理論を学んでいくのに英語の力は、大変重要だ、ということはもうすでに述べてきました。

　ここではどんな英語が経済学の勉学にあたって必要かについて、より具体的に考えてみましょう。そして、経済学部への入学を希望する多くの人々にとっての心がまえとなることを願って詳しく述べてみたいと思います。

　経済学部に入ると、すぐに、語学教育の要として英語の授業が課されます。それも必修科目とされていて、英語のテストに失敗すると、3年生に進級できなかったり、大学によっては専門課程での専門演習（ゼミナールといい、短く、ゼミとよばれている）を履習できない、という規則をもうけていたりしていることもあります。経済学部に入ってゼミ生になれないということは、真の友人ができる機会も少ないし、それに教員と密に触れることもなく、まさに淋しい学生生活を大学のキャンパスで送らなければならないのです。

　これほど大切な英語教育にたいていの大学、そして学部では力を入れています。英語の力のある学生は、それこそカレッジ・ライフを充分にエンジョイできるのです。私の教員としての経験から見ると、英語のよくできる学生は他の科目の成績もよい、という、まさに英語の力と経済学の知識には「正の相関関係」にあるといえそうです。

　「経済学」という学問は、すでに述べたように、世界共通の学問であるという性格上、ロンドンでも、シカゴでも、それこそ、北京でも学ぶ基本的な理論は同じです。したがって、多くの教員は、経済学の科目を教える

のに、世界の各大学で用いられている「テキスト」を英文のままで用いることが多いのです。ですから、英語ができない学生には、アメリカの大学で使用されているテキストをいきなり使用されたりすると、こんな講義は苦痛でしかありません。

さらに、最近、日本の大学の経済学部ではアメリカの大学で博士号（PhD）を取った新進気鋭の先生達が最新の経済理論を教えており、それもアメリカの大学で使われている、最新の理論をちりばめたテキストを用いるというケースが多々見られます。そんな先生方は、自分達がアメリカの大学院で厳しい訓練を受けてきたとおりの授業方法を取り、最近の英文のジャーナルを必修文献として授業に用いたりするので、なおさら経済学部で学ぶときに英語の力が必要となってきます。

したがって、「オレは英語が嫌いだから経済学部へでも行くか」、という気持ちで経済学部へ入ってくると、入ってから当人は「泣き」を見ることになります。事実そういう学生は案外多いのです。研究室へやってきて、「先生、経済学部でこんなに英語でしぼられるとは思わなかった。英語がニガ手なのだがどうしたらいいのだろうか」と、ボヤキとも、訴えとも取れる言葉を発している場面に出くわすことが度々あります。もちろん、そんなとき、先生方は、大丈夫、頑張ればできるようになる、といって励ましているのですが、それでも本人は気が晴れた様子ではなく、しょんぼりと帰っていくようです。本書の読者の皆さんは、経済学部への進学を希望する場合、何がなんでも英語を勉強しておいて下さい。

## 経済学を学ぶのに必要な英語力

さて、次に経済学部で勉強するにあたり、どんな英語が必要であり、どれくらいの英語の力が必要かを見てみましょう。

まず、どんな英語か、ということですが、すでに述べたように、経済の理論を学ぶ、ということから、英語で書かれた書物を「読む」ということ

## 第5章 経済学を学ぶときの英語の重要性

がまず第一に必要になってきます。英語の書物を素早く読み、それもその本に書かれている内容をしっかりと理解するというのが「読解力」なのです。

　例えば英語の本を辞書を片手にして読んでいくものの、一時間経っても、ほんの数行しか読めない、しかも、そこに書かれている内容がほとんど理解されない、というような英語力ではほとんど経済学を勉強するのに役に立たない、といえるでしょう。したがって、経済学部で学ぶ志を立てたなら、読む力を大いにつけておいていただきたいのです。高校時代、受験の英語以外にも何か英語で著されたもの、例えば小説、英字新聞、英文ジャーナルなどにも、積極的に目を通す努力をしておいてほしい、と思います。

　私自身の小さな経験をいえば、高校生（私の場合は、夜間定時制の高校生でしたが）のとき、町の古本屋でなんとなく手にした1冊の英語の本に魅せられ、わからぬままに読み進んでいった、という今から思えば懐しい思い出があります。その本は夏目漱石の『坊ちゃん』の英語版でした。私は、その本を大学生になっても、高校時代の記念として大切に本箱に入れておきました。この本は、たまたま古本屋で見つけたのですが、夜間高校（愛知県立明和高校）にもすばらしい英語の先生がいらっしゃり、その先生が、英語ができるようになるには、まず英語そのものを好きになれ、そのためには、何でもいい、英語で書かれた本を自分で買って読んでみることだ、と教えて下さったからなのです。そんな意味もあって、この古本を手にして初めて英語の小説を読んだのです。

　こんなささやかな動機をもとにして今日に至るまで経済学の教員をして生活している以上、英語からはなれることはできず、英語とは随分長いつき合いとなっています。といっても私の英語力が高い、ということを意味しているのではありません。実は、その逆なのです。こんなに長く英語とつき合ってきたのに今でも英語の書物を読むとき、辞書と首ったけでなければ内容が理解できない、ということがたびたびあります。本当に英語は

難しいものだと常日頃痛感しています。

　英語の読解力をつけるには、なんといっても英語の単語をできるだけ多く頭の中にたたき込むことが必要です。そのためには、英文を読んでいるとき、知らない単語に出会ったら「単語帳」をつくり、それにその単語を書き、その日本語の意味を書き記しておく、さらに、そこに類似語とか、その単語を使った短い例文などもあわせて記しておくと便利です。そして、その単語帳を通学の電車の中や、授業の合い間などに開いて何度もくり返して読み、そして身につけていく、というのも１つの方法だと思い、私はこの方法をすすめます。そして、単語帳（大学ノートなど）が２冊、３冊と増えていけば、それは自分が努力した証となって残っていくことになります。私は自分の学生に絶えずこの方法をすすめているのです。私の単語帳を見せながら。

　古いそれらの単語帳を今手にして見てみると、おや、こんなやさしい単語を知らなかったのか、と自分の英語力の無さを恥じたり、また、こんな若いときにこんな難しい単語を覚えようとしたのか、と懐かしんだりすることがあります。

### 日記を英語で書く

　次に大切なことは「書く」ということです。日本の大学で経済学を勉強していて英文を書く、という仕事はあまり多くありません。例えば、「ケインズの有効需要について、その要旨を英文で書きなさい」といった問題はまず学生に課されません。ですから、学生の英作文の力は日本の大学で学んでいる限り、本人が余程努力しないと上達しません。しかし、実は、「英語」に関する仕事を大きく分けると、「読む・書く・話す（聴く）」の３つになりますが、この３つの仕事の中で、書く、という仕事が一番難しい、と思われます。

　日本人はよく、「英語を読めて書けるけれど話せない」と、自分達の英語力を評価しますが、私は常々、この言葉はウソだ、と思っています。日

## 経済学を学ぶときの英語の重要性　第5章

本人は英語を大して読めも、書けも、ましてや話すこともできない、と思います。とにかく簡単な手紙一枚英文で書けないのが現実だ、といえるのではないでしょうか。

　私は、こんな事情を考えて、私のゼミ生に、大学ノートを１冊各自に用意させ、ときどき小さな宿題を出して、それを英文で書き、そのつど提出させ、それにＡ、Ｂ、Ｃをつけて返す、という仕事をしたことがあります。その宿題のテーマは、例えば、「経済学部へ進学した目的」とか、「将来の私の進路」、さらに、時には「円高は日本経済にとってプラスかマイナスか」といったものです。

　始めは学生達も興味があるらしく、比較的まじめにこの課題に取り組んでいましたが、やはり長い間続けるのはつらいらしく、数か月続いただけで自然と消滅してしまいました。消滅した理由は、学生側と担当者（私自身）の双方にあるようでした。学生達は英文をコツコツ書く仕事の難しさに悲鳴をあげ出したのです。また、週に１回、20冊の大学ノートに記されている、わけのわからぬ英文に目を通し、間違いを赤インクで直し、学生達に返していく、という作業に担当者が悲鳴をあげてしまったのです。そこで、英作文の仕事を月に１回にしたのですが、月に１回というペースでは、学生達には、やるぞ、という緊張感がうすれ、どうでもよい、出せというからなんでもいい、適当に書いて出しておけ、というような態度になり、たいして効果はあがりませんでした。

　学問を大きく身につけていくためには、学問を授ける側と受ける側との双方の断えざる情熱が必要だ、ということを痛感しました。

　しかし最近、就職試験を受けるにあたって、企業によっては、「入社の動機」とか、「将来やりたいこと」、さらに「社会と私」などというテーマを与え、１つ選択して英文で書いて、入社試験の申し込み用紙（エントリー・シートという）と一緒に提出しなさい、というケースもあります。日本の企業はますます国際化の波を受け、企業で働く人々は英語の力が急速に求められるようになってきた、という事実が反映されたものと思いま

す。
　そんな用紙を研究室へ持ってきて、「先生、どうしましょう。助けて下さい」などと救済を求める学生もいます。こんな学生を見るにつけ、これはまた「英作文教室」を始めないといけないな、と私は自分にいい聞かせているのです。
　このように英文を綴る、という仕事はきわめて難しい仕事なのです。経済学部への進学を希望する人々は、大学へ入る前から、ささやかな英語でもよいから、英語で「日記」をつける、という習慣を身につけておくと、いざ大学で英文を正式に書くことを求められたとき大いに役に立つ、と思います。

### 「話す」ことは自己アピール？

　最後に、「話す」という仕事について見てみましょう。経済学の勉強をしていて、日本の大学にいる限り、英語を話す、という仕事は求められません。たしかに、外国から来た教員も英語を担当していますが、その先生方はほとんど例外なく日本語が十分にできる、という事実もあって、外国人の先生方とのコミュニケーションに英語を使わなければならない、という場面は少ないようです。
　しかし、最近の日本の大学では、どこの大学も海外の大学と「交換計画」を推進しており、その計画によって海外の大学へ１か年間留学し、その国の文化・経済・言語を学ぶという制度があります。その制度は全学の学生に平等に機会が与えられていますので、自己応募によって審査に合格した人が海外の大学へ出かけられることになります。
　さて、その審査ですが、書類審査と面接があります。面接の場合、英語での質疑応答が課せられるのが一般的です。つまり、自分の留学動機、目的、そして、留学先で学んだ勉強を将来どのように活かすのか、などについて英語で答える、という課題が課せられるのです。そこでは、たとえタドタドしい英語であっても、しっかりと自己アピールできた学生が留学の

機会を得るようです。したがって、留学を夢見る人は入学前から英語によって自己表現できる訓練を積んでおくと、大学へ入ってから夢にまで見た「海外留学」という栄光を手に入れられるということもあるのです。

## 日本人の英語力

次に、いったい日本の人々の英語力は現実にはどの程度なのかについて考えてみましょう。人々の英語力をはかる方法として、たくさんの人々が受ける試験によって判断することが最適であることはいうまでもありません。そんな英語の試験に、財団法人 国際ビジネスコミュニケーション協会による英語検定試験があります。これは TOEIC（Test of English for International Communication）として多くの人々に知られています。

さらにもう1つ TOEFL（Test of English as a Foreign Language）という英語能力検定試験があります。一般に、TOEIC は実用英語を中心にして英語能力をたしかめる試験であり、一般企業の国際部門などで働いている人々が、また将来働こうとする人々がより多く受けるものである、といわれています。TOEFL は、英語能力の全般にわたってたしかめられる試験です。英語能力の全般とは、英語を読む力、書く力、そして話す（聴く）力のことを意味し、このテストは英語を母国語としないすべての人々を対象にして実施されるものであり、かなり権威の高く、そして信頼のおける試験だ、といわれています。アメリカ、イギリス、カナダ、オーストラリア、そしてニュージーランドなど、英語圏の大学や大学院へ留学する場合、この TOEFL を受験し、その点数の提示が求められます。

まず TOEIC の試験ですが、これは 1979 年 12 月に第1回のテストが開始され、2003 年 4 月で計 97 回の公開テストが実施された、とのことです（財団法人　国際ビジネスコミュニケーション協会、TOEIC 運営委員会）。TOEIC は年に 8 回実施されており、個人の都合に合わせて受験できるようになっています。

### TOEIC の評価

　この TOEIC の受験を、入学試験の英語の試験に利用している大学もすでに全国で 50 校近くに達し、その数は増大傾向にあると、TOEIC 運営委員会は予測しています。正規の入学試験の英語の試験を丸ごとこのテストで代替させることはまだ難しい、としても、入学試験の性質上、推薦入試とか AO（Admission Office）入試などには大いにこのテストは利用できるものと考えられます。

　入学試験にこのテストがどれほど利用されるかは別にして、大学へ入学すると、学生達がこのテストの結果に一喜一憂する場面によく出くわすという事実があります。

　例えば、すでに述べたように、大学が海外の大学との交換協定にもとづいて留学生を送り出すとき、その合否を決定する 1 つの資料として TOEIC の点数が採用されることが多々あるからです。"大学へ入ったら海外の大学へ留学してやるぞ！"と入学前から大きな希望に燃えている人々は、高校生のときからこのテストを受けたりして準備しておくことをぜひすすめます。

　この TOEIC のテストですが、2 つの部門より成り立っています。1 つは「リスニング（Listening）」であり、他は「リーディング（Reading）」

表 5 - 1　TOEIC の平均点

|  | 受験校数 | 受験人数 | リスニング | リーディング | 計 |
|---|---|---|---|---|---|
| 高　　校 | 49 | 5,569 | 221 | 147 | 368 |
| 高　　専 | 30 | 3,756 | 202 | 140 | 342 |
| 短　　大 | 55 | 8,498 | 212 | 142 | 354 |
| 大　　学 | 350 | 167,234 | 235 | 184 | 419 |
| 語学学校 | 16 | 9,801 | 257 | 174 | 431 |
| 専門学校 | 39 | 19,240 | 243 | 154 | 397 |

出所：「TOEIC テスト 2002 DATA & ANALYSIS」

経済学を学ぶときの英語の重要性　第5章

です。このテストで、2つの部門を合わせた合計点が、600点以上あれば、だいたい「良し」とみなされています。

今、手元に大変興味深い1つの資料があり、その資料を眺めてみると、TOEICの総合平均点数は、1998年＝568点、2000年＝561点、2002年＝570点と、毎年600点以下となっています（990点満点）。したがって、TOEICでの点数は一応600点以上取れば"恥ずかしくない点数"だといえそうです。

そこで大学生はいったい何点ぐらい取れるのかを見てみましょう。

表5－1を見て下さい。この表が示している数字は日本の英語教育の何たるかを物語っているのではないでしょうか。つまり、最高学府といわれる大学で学んでいる学生の点数の低いことが判明しているのです。

先程見たように、TOEICの総合平均点は2002年で570点なのです。大学生の点数はそれに劣ること151点にも達しているのです。もう一度いいます。厳しい英語の入学試験をくぐり抜けて最高学府に学ぶ"大学生"の平均点がこの点数なのです。いったい大学でどんな英語の勉強をしているのでしょうか。大学、とりわけ、私立大学は一種の"レジャーランド化"しているといわれ、大して学問の修得に身を入れていない、という現象が起きていると人々の口で唱えられていますが、そのことは事実なのでしょうか。事実とすればこれほど悲しいことはありません。

特に最近、学生が研究室へ来て、「先生どうしましょう」、と相談をしてくることがあります。それは、就職に際して、入社試験の申し込みをする「エントリー・シート」に本人の氏名とか大学名・学科名は申すまでもなく、留学経験の有無、また、海外滞在の経験などを記入すると同時に、英語能力試験（TOEICやTOEFL）の点数を記入しなければならない項目があり、それにどう記入するか、ということです。TOEICの点数が450点などと低い点数を記入すべきかどうか、ということなのです。誰でも高い点数を記入したいのは当然でしょう。しかし、現実には低い点数しか取れなかった。そこでそんな低い点数を記入すればかえってネガティブな評

75

価しか受けないのではないか、という心配です。

　たしかに、大学生にもなって、500点も取れないということは、大学時代いったい英語の勉強にどれほど身を入れたのか疑問に思います。教師としても、そこでこんなアドバイスをするのです。「君の人生がかかっているのだ。なんとしても600点取れるまで何回でも頑張れ」と。

　現実に、1年間ぐらい身を入れて勉強すれば、初め480点ぐらいしか取れなかったのが、600点近くに、いや、700点を超えることもめずらしくないのです。要は本人がいかに誠実に努力するかいかんにかかっているのです。このことは何も英語の勉強だけではなく、学問全般についていえることでしょう。「学問に王道なし」とか、「ローマは一日にして成らず」の例えの如しでしょう。努力した者が最後には栄冠を勝ち取ることができるのです。

### 英語力トップは医学部!?

　さらに進んで、経済学部の学生達のTOEICの点数は他学部の学生に比べて果たしてどのような状態にあるのか、について見てみましょう。

　表5－2を見て下さい。この表は大変興味深い現実を示しているように思われます。点数の一番高いのは、なんと医学・薬学系の分野で、2番目が、英語専攻の語学・文学系の分野ということです。私達の日頃の想像と違った数値であるように思われます。つまり大学で英語を専攻しているからには、当然、トップ、それも他を大きくひきはなしてのトップ、というのが世間の人々の想像だ、と思います。

　しかし、事実は一般の人々の想像に反して、医学・薬学に学ぶ学生の英語力が一番高い、という結果が判明しているのです。このことはいったい何を意味しているのでしょうか。なぜ英語を専門に学んでいる学生達の英語力は、トップを占めないのでしょうか。

　そういえば、私が定時制の高校へ通いながら、昼間、名古屋大学医学部のアイソトープ研究室という実験室で実験助手として働いていたと

き、そこの研究室の先生方がものすごく英語を勉強されていたことを思い出します。ときどき、研究室の先生が医学生に自分の専門を講義されるときに、それこそ、"あれ取れ、これ取れ"という先生の指示で働く助手の仕事をしましたが、先生が黒板いっぱいに書く英語とドイツ語の文章に、正直なところ腰を抜かさんばかりにびっくりしました。学生達に講義する言葉はほとんど英語の単語でした。さすが医学生は優秀だと、夜間高校生というわが身を忘れて私は敬服しました。もちろん、医学部の先生方はほとんど欧米に留学されました。当時（昭和30年代の初め）、欧米へ留学するということは、本人にとってまさに一大事であり、研究室の先生方が欧米へ留学されるたびに駅頭へ見送りに行ったとき、列車の窓から身を乗り出すように別れをおしんで見送りの人々に手を振るその先生に、私も思い切り別れの手を振ったものでした。昭和30年代の初めの日本という国は、まだ本当に貧しく、人々の暮らしは、ドン底生活でした。そんな中にあって、医学部の先生方は、学問に学問を重ね、欧米の大学へ悠然と留学へ出かけて行ったのです。私はそんな光景を見るたびに、羨しい、本当に羨し

表5-2　大学の分野別 TOEIC 平均点

|  | 受験人数 | リスニング | リーディング | 計 |
|---|---|---|---|---|
| 経済・商学・法学 | 34,524 | 223 | 180 | 403 |
| 語学・文学系<br>（英語専攻） | 45,106 | 263 | 196 | 459 |
| 語学・文学系<br>（英語専攻以外） | 13,156 | 248 | 196 | 445 |
| 国際関係学系 | 7,824 | 251 | 190 | 441 |
| 情報科学 | 6,447 | 209 | 161 | 370 |
| 理・工・農学 | 35,965 | 213 | 171 | 384 |
| 医学・薬学 | 3,328 | 250 | 218 | 468 |
| その他 | 11,656 | 202 | 152 | 354 |

出所：「TOEICテスト2002 DATA & ANALYSIS」

い、と心の中で思い、そして、"いつかきっとこの僕だって！"と心秘かに力んだものでした。

### 社会科学系学生の英語力

さて、経済を中心とした社会科学系の学生達の英語力を見てみましょう。悲しいことにかなり低いという事実を表5－2は示しています。表5－1で見たように、大学全体の数値は419点であるのに、その数値を下まわること16点です。このような低い数値に甘んじている経済学部での英語教育にいささか疑問視する向きもなくはありません。

経済学部で学んだほとんどの人々は、一般企業へ入っていくのです。現在の日本の企業では、グローバル化やボーダレス化の波に乗り、海外へ進出していく度合いがきわめて高いのです。海外へ進出していくのは、何も大企業に限りません。従業員数100名とか200名といった小規模の企業でも、その企業を存続させるために海外へ進出して行かざるをえないのです。そんなとき、経済学部を出て入社した人々にまず海外へ出ていく白羽の矢が立つのです。

私が親しくしている若い企業人は、入社して6年という歳月がすぎ、社の方針で社員のほとんどが英語能力検定試験を受けることになり、それを受けた結果、なんと800点に近い高い点を取り、上司や同僚から、"いつ勉強していたんだ！"と驚きの念で迎えられたといいます。彼はもともと英語が好きであったらしいのですが、それでも、家に早く帰ったときとか、週末は自分の部屋で英語をコツコツと勉強していたのでした。彼の英語力は会社によって認められ、一躍して海外事業部へ転属となり、今ではすっかり国際派ビジネスマンとして、アジアへ欧州へと忙しく飛びまわり、その会社に大きく貢献しているのです。その人は、なんと、経済学部の出身です。

ついでに、企業における英語力について見てみましょう。将来皆さんの多くは大学を出て恐らくまず企業へ入っていくことでしょうから、そのと

経済学を学ぶときの英語の重要性　第5章

きの参考までに、企業内部の英語の力を見てみましょう。

表5－3は企業における部門別の点数を、ベスト・ファイブに限ってリスト・アップしたものです。海外部門に勤める人々の英語力はいかにたいしたものか、という事実をこの表は如実に示しています。他の部門で働く人々の英語力の差は、数値にして120点以上という考えられないほど大きな値であるのです。

日本の経済の特質として、「貿易立国」という名前がつけられています。つまり、日本国内ではほとんど入手できない資源を外国から輸入し、それを日本人が持っている高い技術力で秀れた財に加工し、それを海外へ輸出する、というシステムで日本経済は成り立っているのです。

この海外と輸出・輸入の仕事に従事する部署が海外部門であり、企業によっては、「貿易部」「海外事業部」「海外交渉部」「海外営業部」、さらに「海外統括部」といった名称をつけているのです。このような名前を持った部署で働くことが、経済学部を出た人々の"あこがれ"でもあります。

事実、私は大学を出て、ごく短期間ですがミノルタ・カメラ（現・コニカミノルタ）という会社に就職し、そこの貿易部で働いたことがあります。そのとき、先輩達が、さっそうと海外へ赴任していく様子を見て羨しく思ったことがたびたびありました。というのも、当時では、学生時代に、海外へ出かけるなどということは夢のまた夢だったのです。したがっ

表5－3　企業における英語力（ベストファイブ）

| 部　門 | リスニング | リーディング | 計 |
|---|---|---|---|
| 海　　外 | 355 | 312 | 667 |
| 経　　営 | 292 | 252 | 544 |
| 研　　究 | 282 | 254 | 536 |
| 企　　画 | 286 | 241 | 527 |
| 経　　理 | 278 | 238 | 516 |

出所：「TOEICテスト2002 DATA & ANALYSIS」

て、もし、海外へ行ってみたい、という夢はどこかの会社に入って、"人知れず英語の力をつけ"、上司にそれを認めてもらって、海外へ出かける、というようなプロセスしか考えられなかったのです。したがって、ミノルタの「貿易部」の人々はとりわけ若い人々は、それこそ人生をかけて英語を勉強していました。今から当時を振りかえると懐かしさでいっぱいです。

# 第6章
# IT 革命と経済学

## IT 革命を支えるのは経済学

　現在の世界では「IT 革命」が進行中であることはよく知られた事実です。つまり、社会全体がコンピュータ化によって生産性が著しく向上し、それによって社会は大きく変貌したのです。その IT とは Information（情報）の I と、Technology（技術）の T のことであり、IT 革命とは情報技術が高度に発達し、生産現場において時間的な差がきわめて縮小し、さらに、情報が大量に、しかも正確に人から人へと伝わるようになった、ということを意味しています。この情報技術の発達によって、ごく少人数で、よりたくさんの仕事が、それもより正確に実行されるようになった、という事実があります。この事実が「IT 革命」とよばれているものです。

　世界の各国はこの IT 革命の波に乗り遅れまいとし、また、上手に波に乗ろうと懸命の努力をしています。そして国をあげて IT 革命に対応できる人材をつくり出そう、と躍起になっているのです。つまり、各国政府は、IT 関連人材創出作戦と名づけて、コンピュータに秀でた人材の育成に大きな力を注いでいるのです。

　これに呼応するようにして、いや、存亡をかけて一般企業はコンピュータ化社会に対応した人材の育成を目論んでいます。つまり、企業の生き残りは、技術革新に対応できる人材を社内に何人持っているかにかかっているのであり、人材育成のために莫大な資金を投入しているという事実もけっして大袈裟な表現ではありません。

　製造会社や、金融関連会社、あるいは商社は、それこそ 24 時間体制でコンピュータを作動させています。コンピュータが首尾よく作動しないと、経済活動は一切できないのです。しかし、そんな大切なコンピュータ

を操作するのは、機械ではなく繊細な感性を身につけた人間なのです。どんなに精巧にできているコンピュータでも人間の力には太刀打ちできない、とも考えられます。そこで国は、企業は、社会はコンピュータに強い、秀でた人材を育成することに血眼になるのです。

また逆に、これからの企業で、また官庁で職を得て活躍しようとする場合にも、コンピュータの知識と、それを操作する技術の修得は不可欠なのです。とりわけ、産業界へ入っていこうとしている経済学の知識を身につけた人々は、何よりもコンピュータの知識と技術の修得が要求されるのです。経済学の専門知識をしっかりと身につけ、その上でコンピュータの知識と技術を身につけて社会へ巣立っていく、というのが経済学部で学ぶ人々にとって、いわば常識となっています。

考えてみると、「IT 革命」という時代を迎えたのは、いったい何が原因だったのでしょうか、そして、IT 革命によって日本の企業社会はどのように変わったのでしょうか。そのことを学べは、経済学を学ぶ際に、コンピュータの知識と技術を同時に修得しなければならないことがわかります。

## IT 革命の源

考えてみると、「革命」の名のつく大きな出来事は政治、社会運動、そして宗教の名のもとに、たびたび発生してきました。それらは「フランス革命」、「イギリス革命」、さらに「十月革命」と、それこそ世界史の分岐点を色どってきました。

経済学の分野でも革命がありました。しかもその革命は、まさに全世界を変えてしまうほど大きな革命でした。それは「産業革命」といわれています。産業革命によって、まず、ヨーロッパが発展し、その影響は、北アメリカへと伝わり、そして日本にも伝わってきたのです。今日の世界の繁栄の基礎はこの産業革命に見出されることは間違いはありません。

## イギリス産業革命のあけぼの

世界の大繁栄をもたらす礎となった産業革命の芽は、18世紀の後半にイギリスに発生しました。なぜイギリスに発生したかといえば、当時イギリスは、小さな工業があちこちに出現、その原動力として石炭をたくさん使い出したからです。そこで限りのある石炭をもっと有効に利用できないのか、小量の石炭で大きな力をつくり出すことはできないのか、という「エネルギー問題解決」のために、新しい技術の開発が必要だった、という事実がありました。

スコットランドのグラスゴー生まれで、大学教育も受けていない少年機械工であったジェームス・ワットが、1800年代の中頃より、精力的に蒸気機関の発明に取りかかり、それを見事1871年に完成させると、それが契機となって、エネルギー問題が大きく前進し、イギリスでは産業の工業化が一気に加速されるようになりました。まさに「必要は発明の母」だったのです。蒸気機関の発明により、エネルギー問題は一気に解決し、イギリスでは機械制工場生産方式が確立し、より大規模な生産が可能となりました。

しかし、大量につくり出された生産物は一刻も早く人々の手にわたらなければ価値がなくなります。そこで、大量輸送手段の開発の必要性が高まったのです。それに答えたのが、ジョージ・スティーブンソンでした。イギリス・ニューカッスルの炭鉱夫の息子として生まれたスティーブンソンは、正規の学校教育を受けることもなく、鉱山で働いていました。当初は火夫見習いとして働いていたのですが、後に鉱山の機関夫になり、動力を研究する機会を得ました。1814年にスティーブンソンは第一号の蒸気機関車を製作し、その後改良に改良を加えて、イギリスに本格的な鉄道時代を築く基礎を確立しました。スティーブンソンが製作した蒸気機関車のお陰で、一度に大量の石炭を輸送でき、生産物も素早く、しかも大量に輸送され人々の手にわたるようになりました。

このように主として2つの大きな発明によって、イギリスで産業が革

命的に発展していったのです。その産業革命はヨーロッパの主要国に伝わり、さらにアメリカ大陸へと伝播し、一気に世界に工業化の波が押し寄せる結果になりました。

## IT 革命と経済戦略

### 計算尺からコンピュータへ

　前に「必要は発明の母」といいましたが、コンピュータの発明についても同じことがいえます。人々が数を数えるのに初めて用いた手段は、「アバカス」といわれるもので、日本では例の「そろばん」です。しかし、そろばんでは「加減除乗」といわれる計算ができるだけで、平方根、三角関数、そして、対数の入った複雑な計算をすることはできません。そんな不便を克服するために考え出されたのが、「計算尺」といわれるものです。恐らく今の大半の人々はこの計算尺など使ったこともないし、見たこともないでしょう。

　計算尺は、一度に大きな数字を並べ、素早く解答を出す、という芸当はできません。例えば、19世紀の終わりにアメリカでは、国の姿を知るために国勢調査を始めたのですが、あまりにも膨大な数字の量に統計局は手を焼いていました。そんなとき、ハーバード大学の研究者が、"瞬時"にして膨大な数字を処理できる電子計算機を発明したのです。これが本格的なコンピュータの始まりだ、といわれています。

　その後、第二次世界大戦があり、複雑な作戦を遂行するために、より早く、正確に、安全に情報を処理し、結果を伝達する必要にせまられ、そこで一段と進んだコンピュータが開発され改良された、と考えられます。まさに「必要は発明の母」だといえます。

　その後のコンピュータの発達はめざましいものがあり、コンピュータなくしては世界経済は成り立たないとさえ考えられるようになりました。

IT 革命と経済学　第6章

　コンピュータによって、まずは小さな地域社会の中で人々が、企業が結ばれるようになり、それが、企業や地域を抜け出しインターネットで国全体が結ばれるようになり、現在では世界全体が瞬時にして結ばれるようになりました。

　企業は取引する際に、わざわざ相手企業に出かける必要もなくなりました。企業は必要な部品を取引会社へ注文するとき、インターネットを使う、それも世界中から一番経済的に取り引きできる企業を探し、取り引きをすることができるのです。

　さらに、私達一般消費者も、自分の家にあるパソコンをインターネットに接続すれば、それこそ世界中から瞬時に自分の好きなものを探すことができるのです。これを人々は「インターネット・マーケット」とよんでいることはよく知られた事実です。このインターネット・マーケットでは、書籍、薬、といった個人が使う日頃の身のまわりの小さなものから、トラクター、自動車、機械といった企業が生産に使う大きなものまで、なんでも探すことができ、手に入れることができるのです。

　情報（Information）を、ごく安い価格でいつでも、どこででも必要な人はコンピュータを操作するだけで手に入れることができ、それをもとにして、企業の人々はビジネスができる、という仕組みになっています。

　企業における情報技術の進歩はめざましく、営業活動、生産管理、財務戦略、人事政策、経営戦略、さらに、販売戦略と、あらゆる分野でコンピュータの技術を駆使して、営利追求に精を出しています。したがって、そこで働く人々は、ITの知識と技術を充分に修得していることを求められており、また、企業社会ではそれを義務化しているのが現実です。

### 「e-Japan 戦略」が目指す技術立国

　アメリカでは、1990年代にIT革命が大きく社会を変えて、それが功を奏してアメリカ経済は、日本やヨーロッパの国々が長い停滞により浮上できないでもがいているのに、世界経済で一人勝ちの状態でありました。こ

のあたりの現象を研究者は「ニュー・エコノミー」などとよんでいます。つまり、アメリカでは情報技術の革命的な発展により、投資や労働といった生産要素の投入は従来よりも少なくてすむようになる反面、生産性は増大する、という新しい生産形態が創り出されるようになったのです。まさにアメリカ経済の繁栄はIT革命の恩恵に浴した結果である、といえます。

残念ながら日本の情報技術の水準はアメリカの水準に比べて、5年ほど、いや10年ほど差をつけられていると、研究者によってその遅れを指摘されていました。

日本の情報技術水準の遅れに気がついた日本政府は、なんとかして、アメリカに追いつき、追い越せ、という意気込みで、IT戦略を打ち立てたのです。それは「e-Japan戦略」と名づけられたもので、日本人の情報技術の水準を高める目的で、日本の政府が専門家の叡智を集めて、2001年1月につくったものです。

この「e-Japan戦略」に目を通してみると、この戦略の心意気を充分に感じ取ることができます。その内容を見てみましょう。「我が国は、すべての国民が情報通信技術（IT）を積極的に活用し、その恩恵を最大限に享受できる知識創発社会の実現に向け、早急に革命的かつ現実的な対応を行わなければならない。市場原理に基づき民間が最大限に活力を発揮できる環境を整備し、5年以内に世界最先端のIT国家となることを目指す。」

この文章を読むと、日本は、革命的な情報技術向上の推進を実施して、世界で冠たる情報技術立国を目指す、ということがわかります。

とりわけ、「5年以内に世界最先端のIT国家を目指す」、という言葉には、「本当にこんな大きな目的を掲げて大丈夫か」と思う反面、こんな大きな目的を掲げ国民を叱咤しなければならないほど日本はIT関連の水準は低いのか、などとさまざまなことを考えさせられます。

さて、「e-Japan戦略」によって、2005年には日本はどんな姿になっているのでしょう。「e-Japan」戦略が掲げている概要を眺めてみましょう。

## IT 革命と経済学　第6章

> 「2005年の姿」
> - 超高速インターネットにより、極めて高画質の映像の配信や遠隔地でのイベントへの参加、立体映像を使用したショッピング等を安価に享受
> - 高速インターネットにより、音楽のダウンロード、テレビ会議、遠隔在宅介護等を享受
> - 家電製品がインターネットに接続され、外出先から家電を操作（エアコン操作、冷蔵庫内の確認等）
> - 携帯端末で外出先、車内から高速インターネットに安価にアクセス
> - 放送のデジタル化により、高品質な映像・音楽や双方向サービスを享受

以上が2005年の日本の姿です。こんな社会が出現したらどんなにすばらしいことでしょう。こんな社会の出現に備えて、若い人々は、一層情報技術の知識と技術の修得に励まなければなりません。

さらに、「e-Japan戦略」が掲げる「教育及び学習の振興並びに人事の育成」に関する目標について眺めてみましょう。

> - 授業でのインターネット活用により、生徒は自発的・創造的に学習
> - すべての人がインターネットを使いこなせるようになり、生活の充実に活用（趣味の充実、社会形成への参画等）
> - ITの活用により仕事の効率を向上させ、また、IT産業への就職を容易化
> - 大学が独創的な研究を行い、多様な人材が輩出され、最先端技術が数多く開発
> - 世界的な人気を博するコンテンツが日本で製作され、全世界にインターネットで配信

以上が人材育成を徹底化した後の日本の情報化社会の姿です。それも、2005年にはこのような姿になっているはずなのです。本当にこのようなすばらしく情報技術が進んだ社会になっているかどうかは、まさに人々の努力次第だ、といえるでしょう。

　次に、情報技術水準を高度に高めた結果、企業社会では2005年にはどのように変化しているのかを、やはり、「e-Japan戦略」が掲げた目標にそって眺めてみましょう。

- 高額な取引でも安心してインターネットで取引可能
- ITを活用して迅速なビジネス展開が可能
- 知的財産権の保護が徹底され、さまざまな魅力あるコンテンツがインターネットを通して提供
- すべての消費者は、個人情報の流出やコンピュータの操作ミス等を気にせず安心して電子商取引を実践
- おおむね半数程度の中小企業がインターネットを活用して電子商取引等に参加

　「e-Japan戦略」が掲げた目標がもし現実のものとなれば、日本の企業のほとんどがITを完全に駆使することになり、そこで働く人々は老いも若きもITの知識と技術を完全に身につけていなければならないことになります。こんな社会が出現したら、ITに乗り遅れた企業や人々はどのようにして生きていったらいいのでしょうか、考えただけでぞーっとするではありませんか。

　これからの日本では、大企業も中小企業も関係なく、情報技術が、より急速に進歩するでしょう。企業社会だけでなく、人々の日常生活も情報技術の進歩によって大きく変化することでしょう。大学で学ぶ若い人々が、高度に進んだ情報技術社会の出現に対応できるように、真剣に努力しないといけないことは間違いありません。

以上のように情報技術が高度に進んだ社会を人々は「ユビキタス・ネットワーク社会」と新しい言葉でよんでいるのです。
　「ユビキタス」という聞き慣れない言葉は、急に情報技術の分野で使われ出したのですが、これはラテン語で、「どこにでも存在する」という意味だ、といわれています。つまり、これからの社会は、ほぼ誰でも情報技術の知識と技術を身につけ、どこでも、必要に応じてコンピュータとインターネットを自由自在に使いこなして、コンピュータとインターネットに依存した社会生活を送る、ということを意味しているのです。
　情報技術の進歩によって、人々の間でも生活に大きな差が発生していることはよく知られた事実です。つまり、情報技術の修得の低い人はそれだけ実社会の第一線で活躍する機会が少なくなり、ただ、日々デスクに向かってなすべきこともない時間をすごす、という人生を送らざるをえない羽目になることと思います。
　大学に入ったとしても、ITの波は避けて通れません。手っ取り早くいえば、学部の3年生の後半になると、その人の人生を決定づける就職問題に直面しなければなりませんが、その就職に際しても、企業、それも社会的に名の通った企業は、ほとんどインターネットを通じて求人情報を流しているのです。ホームページに掲載された企業の入社案内を入手し、入社試験の申し込みをインターネットで行なわなければならないのです。そして入社試験の結果は、e-mailで知らされることになるのです。つまり、情報技術が身についていない限り、企業の入社試験すら受けられない、というのが現在の状況です。逆にいえば、情報技術をしっかりと身につけた若人は、いくらでも、大きな機会を手に入れることができる、ということです。

### 情報技術の知識が勝負の決め手

　さて、これらの情報技術に関する知識と技術の修得を大学に入学するとすぐに始めなければならないのです。

大学入試の勉強でコンピュータのキーボードなど手に触れる時間もなかった新入生が、大学へ入ってまずしなければならないことはコンピュータのキーボードに手を置くことです。もちろん、すでに見てきたように、経済学部に入ると学ぶべきことはたくさんあるけれど、それこそ、毎日勉強しなければならないのは、情報技術についての理論と、実際に使えるようになるための技術の修得です。

　最近どこの大学もそうですが、情報技術に関する科目は、理論を学ぶ科目から、応用技術を学ぶ科目までと多種多様な科目が設置されています。

　入学するとすぐに開始される情報技術の修得科目に「技法」とか、「数量分析入門」といった名前の科目が設けられており、ここでは、新入生の人々にまずコンピュータ操作について慣れ親しんでもらいたい、という意図で、コンピュータについての入門的知識が徹底的に教えられることになります。例えば、パソコンの基本操作、電子メールとインターネットの利用について、さらに、ワードとエクセルの使い方など、ひととおりの基本を学んだ後でさまざまな表計算の実習を行う、という順序で学んでいきます。

　それら一連の入門コースを終えると、エクセルによる統計分析手法を学び、後は経済モデルや数式モデルを解きあかしていく技法を修得していくことになっています。ここでは簡単な連立方程式を解くことから始まって微分方程式の解法まで学ぶことになるでしょう。

　情報技術についての入門的な知識と技術をしっかりと身につけた上で、さらに、「インターネットを活用した経済学」「機械計算論」「データ処理理論」「プログラミング言語」、さらに「応用データ分析」といった一段スキルアップした科目を履修するようにカリキュラムが組まれています。

### 情報技術習得の証明

　これらの科目を真剣に受ければ、情報技術について当然かなり高度の知識と技術が身につくことになり、これまた当然就職に有利になることは間違いありません。すると、せっかく身につけた能力とか技術を何かで証明

したいと願うのは当然のことでしょう。このような人々のために用意されているのが「情報管理士」の試験です。これは「システムアドミニストレーター」といわれ、略して「シスアド」という名前で知られています。この試験は、初級と上級の2種類あり、当然のこととして初級と上級との間には「難しさ」の点において大きな開きがあります。初級の試験問題は、情報技術に関する基礎的な知識の有無について問われているのに対して、上級の試験問題は、まさに専門家中の専門家をつくり出すための試験であり、企業において日夜情報技術の業務に従事しているか、またIT関連企業か、研究所で情報技術の研究にたずさわっている人々が合格するような難関な試験だ、といわれています。

そこで、難関といわれる上級シスアドの試験問題をのぞいて見ましょう。

その1

> システム分析におけるビジネスプロセスのモデル設計に関する記述のうち、適切なものはどれか。
> ア 実在する組織や現実の業務にとらわれることなく、必要な機能を業務の流れに沿って定義する
> イ 実在する組織を前提として、その企業にとって業務上必要な機能を定義する
> ウ ビジネスの職能的構造を重視して、必要な業務機能を定義する
> エ プロセスは、できるだけ具体的な組織名や使用するシステム名称を用いて定義する

その2

> ISMS適合性評価制度に移行する前の旧認定制度が基準としていたものはどれか
> ア コンピュータウイルス対策基準
> イ コンピュータ不正アクセス対策基準
> ウ 情報システム安全対策基準
> エ ソフトウェア管理ガイドライン

出所: 『上級シスアド—合格完全対策—2004年版』経林書房情報処理試験対策室編、安田龍平監修、83、174ページ。

これら2つの問題から解るように、上級シスアドは、高度なIT知識を身につけた、上級の管理・経営者の育成を目的として実施されているように見受けられます。

　日本が、目下世界的に展開されている「IT革命の波」におしつぶされないためにも、世界的に通用する人材の育成の必要性にせまられているのです。経済学の知識をいっぱい身につけ、さらに高度な情報技術を修得した若い人々の前途は洋々たるものである、といえるのではないでしょうか。

　初級の試験に合格する人々は約30％台であり、さらに初級に合格をした人々が上級を受けた場合、その合格率は10％以内だ、といわれているほど上級は難関な試験だ、といわれています。

　ところで、この「シスアド」という耳慣れない言葉が生まれたのは、一般の企業にコンピュータを扱う部門が急速に増えたことにその源がある、といわれています。これまで情報技術、つまりコンピュータを専門に扱う人はプログラマーとか、システムエンジニアリングといわれた一部の専門家に限られていたようですが、今では、企業を訪問するとたいていの人の机の上にコンピュータが置かれていることが目に入ります。そこでそんな人々の知識と技術の向上を目指す目的をもってこのシスアドという試験があらたに設置されたのです。この試験が開始されるや、若い人々を中心に受験の気運が高まり、この試験の合格を目指して勉強をするようになったのです。

　つまり、情報技術の知識と技術の修得は、従来のように一部の「コンピュータ・マニア」といった人々だけが身につけるのとは違って、最近では、企業で働く場合、業務に不可欠なものである、という認識が人々の間で芽生えてきたからなのです。もはや、民間企業や、公共部門（市町村の役所や官庁など）で働く場合、情報技術の知識と技術の修得は、かつての「そろばん」みたいなものなのです。誰でも、できて当たり前なのです。

第6章 IT革命と経済学

## 「IT革命」から「ID革命」へ

　今や日本人全体が「IT革命」の波にのまれているのが現実であり、ITの知識なくしては日常の生活すら円滑にできない、という状態にあります。企業に入ったら、なおさらITの知識なくしては活動はできません。こんな社会が必ず到来することを予言した「未来学者」のアルビン・トフラーは、「第三の波」という表現をしました。トフラーは、第一の波は農業革命であり、第二の波として、産業革命を契機にした大規模生産方式の出現をあげています。そして、エネルギー革命が、人々の生活様式を一変させるとしたのが、「第三の波」でありました。

　このアルビン・トフラーという人は、1970年代から80年代にかけてアメリカの言論界で活躍した評論家兼未来学者です。トフラーは、近い将来必ず発生する、技術体系や情報体系といったものの変革が、人々が住む社会体系にも大きな変革をもたらす、と予言したのでした。

　トフラーが世界はこれらの「波」によって大きく様変わりするとともに、人々は新たな「技術革新」から大きな「挑戦」を受けることになるであろう、と予言しました。

　トフラーの予言が的中したかどうかは別にして、世界は、「第三の波」の真只中にあるといえるかも知れません。第三の波の初期が「IT革命」だ、とすれば、その次に来るものは何でしょうか。

### ID革命の波

　2004年1月1日の日本経済新聞は、かなりセンセーショナルな内容の記事を書きました。それは"「IT革命」から、「ID革命」へと社会は移る"、という記事でした。

　IDとは、Identificationの略であり、このアイデンティフィケーションとは、身分証明といい、よく聞く「ID Card」という英語で知られています。そこでID革命とは「身分証明革命」ということになります。

これは、全国民に「IDカード」を配布して、このカードによって、経済活動によって発生する支払い・受け取りの業務を遂行することを意味するのです。人間は、これまで支払いのために忙しい中、銀行へ出かけていましたが、IDカードを使ってインターネットで送れば、瞬時にして用が足りるのです。法人税や所得税など税金を納めるのも、これまたしかりです。

　企業間における支払い・受け取りシステムも、従来のように、紙と印鑑というシステムから、このIDカード・システムによって行われるのです。すると、それこそ考えられないほど時間が大幅に短縮でき、さらに支払い・受け取りにまつわる「危険性」が回避されるのです。さらに、これまで、絶対になくならないと人々の間で信じられていた、長い日本の伝統である「印鑑システム」が、なくなるかも知れないのです。

　グローバル化やボーダレス化の波が押し寄せ、日本社会も世界に向けて開放度を高めていかなければならないこの時代にあって、いまだ「印鑑システム」を守り通しているのは、いささか時代錯誤だ、といわなければなりません。

　まさに「高度情報化時代」に日本社会は突入していくのです。そんな社会で生きていくのが、目下、高校で、大学で勉強に励んでいる若い人々なのです。とりわけ、卒業生の大多数が企業社会へ入っていく経済学部で学ぼうとしている人々は、このような社会の到来に備えて、学問的に高い知識をたくわえ、さらにより高い技術をも修得することが必要になってきます。

# 第7章
# 論文を書く楽しさと苦しさについて
―文章作法の手ほどき―

　さて、大学に入学して、いざ勉強を始めてみると、やはり大学での勉強は高校と違うなあ、と感じることがたくさんあります。その1つに「論文」とか「レポート」の提出を求められることが多い、ということです。

　例えば、1つの講義を取ると担当者によっては「その講義に関連している書物を読んで、その書物の内容と自分の考えについて、400字詰めの原稿用紙で5枚程度にまとめて提出しなさい」という宿題を出します。これは典型的な講義用レポートといえるものです。もちろん、パソコン等で作成されるのが一般的です。

　1冊の書物を読んで、その本の中で展開されている著者の主張や思考、そして、理念といったものを簡潔にまとめた上で、さらに著者の考え方などについて自分の意見を述べていく、という仕事は、時間のかかる仕事です。

　もっとも、最近の大学入試形態の多様化によって、多くの大学や、学部の入試に「小論文」形式が導入されるようになり、この試験に備えて、多くの受験生は、小論文作成の「ノウハウ」を学んでいるようです。書店の「大学受験コーナー」へ足を運んでみると、小論文作成の手ほどきをするための本がたくさん目に入ります。それらの本のタイトルにも、「小論文突破」とか、「身につく小論文対策」「小論文トレーニング」といった、センセーショナルな名前が目につくのです。これらの本を見ると、小論文を受けて入学してきた学生達は、さぞ論文作成の技術を身につけて入学してきただろう、と私達教員は、彼らのレポートを読む前には大いにその出来栄えを期待するのです。しかし、提出されたレポートを1つずつ読んでいくと、おや、どうしてこんなレポートなんだろう、と首をかしげるような

ケースに多々出くわすのです。

　これらの受験用論文対策の手引書を読んでみると、その原因がよくわかります。つまり、これらの本は、いかにその大学の出題者の心を射止めるか、といった、論文を「うまく料理する方法」について述べられているだけのように見受けられるからです。例えば、これらの本の中には「切れ味鋭く表現する方法」とか、「出題された論文のケチのつけ方」、といった表現が見受けられるのです。このように、人の論文を読む際に、「アラ探し的」に読むように訓練されるのは果たして正しい方法かどうかと疑問に思うこともあります。

### 受験対策用の論文手引書から

　ここで、受験対策用の「小論文のため」のいくつかの手引書の中をのぞいてみましょう。

　これらの手引書は、各大学で出題された論文問題を取り上げ、これらの問題にはどのように対策していくのかを、それこそ手を取るように親切に指導しているのです。それらの手引書で指導しているのは、各予備校の講師の先生方であり、それぞれその道のベテランと見受けられます。

　各大学・学部で出題される論文形式の問題は、それこそバラエティに富んでおり、いろいろな論文の出題を1冊にまとめると、まさに「百貨店」とか「スーパーマーケット」のように「なんでもあり」といった感じさえするのです。

　とはいっても、私はこれらの本のあり方を一方的に批難するつもりはありません。たしかに表現方法として百貨店とかスーパー等々という表現はここではあまり適切ではないかも知れません。というのは、これらの手引書のいくつかは、それこそ、とても丁寧に記述されており、それも、かなり高度な水準の文章で指導されているからです。したがって、これらの指導書によって入試の論文問題に取り組み、論文の作成と読み方を、しっかりと身につけて大学へ入学してくれれば、大学で若者を教える立場からい

# 第7章 論文を書く楽しさと苦しさについて

えば、それは教育的にありがたいことだ、といえるのです。

　前に、論文を読む際には、その論文のアラ探し的な読み方はあまりすすめられない、といいました。

　論文を読むときに必要な姿勢は、その論文の中で展開されている著者の主張を正しく理解することに努めることである、と思います。論文を正しく読み、理解する、ということは、何もアラを探すことではありません。論文を読むときに必要なのは、その論文を「深く」読む、ということです。論文を深く読む、ということは、論文の表面上の活字だけを目で追うのではなく、1字1字その意味を深く考えて読み進んでいく、ということなのです。

　受験の論文対策上の手引書では、過去に出題された論文を取り上げ、この論文に対してはこう答えると出題者の心証を害し、合格点を取れない、とか、こう答えるとよい反応が得られ合格点がもらえる、ということまで指導されているのです。

　各大学や学部で出題される論文は、たいてい、著名な評論家、文学者か学者が書いた書物の中から一部分を抜粋し、それを読んで、要旨を何百字以内でまとめなさい、という質問から、その論文で著者は何を訴えたかったのか、それを簡潔に述べなさい、といった問題が一般的です。

　そこで、手引書の先生は、質問に対して、こういった書き方はダメ、これならよろしい、といった模範解答をしながら指導しているのです。なるほど受験のプロは違うなあ、と時として感心させられることがあります。受験指導のプロは出題された問題の要旨を的確につかむコツをかなり正確に指導しているように私には感じられるのです。というのは、実は、私自身が時としてこれらの問題の出題者にならなければならないことがあるからです。

　私達、大学の教師はたしかに入試問題を作成することが仕事ですので、今はどんな問題が世の中に出まわっているのか、また、どんなことを高校生は今、学んでいるのかといったことに絶えず注意をはらっています。そ

して、よりわかりやすく、公平で、一般的か、ということに注意しながら入試問題を作成します。といっても、どこの大学もそうでしょうけれども、どんな教師がどんな問題を作成しているのか、といったことに学内でも触れることは一切禁止されています。これはごく当然のことでありましょう。とにかく入試問題作成にあたってはもっとも細心の注意がなされて運営されています。

さて、このように、多くの学生は論文とかレポートの作成にあたって、かなりの予備的知識を身につけて大学へ入ってきます。大学教育の根幹の1つは、自分の意見をいつ、いかなるところでもしっかりと発表することができる知識と技術を身につけることにある、と考えられるからです。そのための手段として、論文やレポートを作成することを大切な研究課題として学生に課しているのです。

## 卒業論文の作成

論文の作成の中でも、もっとも大切なものは卒業論文の作成です。大学に入って、2年生の後期から3年生になると、ゼミナール（一般にゼミと短く称されます）にほぼ全員が参加します。このゼミについては、もうすでに述べましたが、このゼミで約2年間各自の専門を学んだ集大成として、卒業論文を作成しなければなりません。

この卒業論文を作成するのは、大学教育の中でも大変重要な勉学なのです。

卒業論文を作成するプロセスを見てみましょう。まず、ゼミに入ると、各自、そのゼミで何を主として勉強したいのかを、短いレポートにして提出します。例えば、「日本の産業の空洞化の発生原因とその国際的影響について」「外国為替相場の決定理論について」「ユーロ創設の経済的意義」、「日米貿易摩擦の歴史的変遷について」といったテーマが見られます。ゼミでは担当者の指導によって各自が勉強し、口頭で発表したことを文章に

して完成させます。

　金融論専攻の教員のゼミに参加すれば、当然、金融論に関連した専門について論文を作成することになります。財政学しかりです。もちろん、担当者の許可を得れば、独自で勉強したことを卒業論文にまとめ、作成することができます。時として、このような論文の中に、とても独創的で見事な出来栄えを示すものがあります。そのような論文は、他の学生達にも大きな刺激を与えることになります。

### あるゼミ生の例

　私のゼミの中にいた一人の女子学生は、自分でアフリカの一国の一地方まで出かけ、そこで短期間ではあるが人々と生活を共にすることによって、アフリカでの経済発展状態をつぶさに観察し、さらに、経済発展の立案にとって何が必要かを自分なりにつき止め、それを卒業論文に仕上げました。

　この論文に目を通したとき、よくぞ大学４年生の女子学生がアフリカという、比較的危険性が高い地域へ出かけ、現地の人々とコミュニケーションをとり、問題の本質をさぐり出したものだ、と私は感心したものでした。この論文は、学内の正式な研究機関が発行している「学生論文集」に発表されました。活字になって立派に生まれ変わった自分の論文を見た彼女は、信じられない、という喜びの表情を顔いっぱいに浮かべ、私の、これまでの論文作成指導に深々と頭を下げてくれました。

　私自身はアフリカへ行ったこともないし、アフリカの事情など皆目わからないので、彼女の論文作成の指導など、大してできる道理はありませんが、それでも参考書を探したり、論文の書き方について指導したりすることは指導上の義務として行いました。学術雑誌に発表された自分の論文の抜刷りを一部持ってきて、私の指導へのお礼を述べる姿を見て、この学生は論文を書くことによって、見事に成人として巣立っていった、と私自身も大きな喜びを感じたものでした。

実は、この学生は、高校時代、何かの原因で学校へ行けなくなり（行かなくなったのではありません）、いわゆる「不登校」の状態に陥ったのです。それでも、もともと、よくできる学生だったらしく、たしか、普通校から出席自由という通信制の学校へ移り、そこを卒業し、大学の入学試験を受けて無事入学してきたのです。2年生の後期より私のゼミに入ってきました。入ってきた当初は、やはりまだ毎日学校へ出てくるのは、おっくうだったようで、ゼミへの出席もまばらでした。彼女が休むと、彼女の友人を通じてか、また私が直接電話をして大学へ出てくるように説得しました。そんなことをくり返しているうちに私達はすっかり理解し合えるようになりました。私は年に1回、夏に自宅の狭い庭で、ゼミ生達を招いてバーベキュー・パーティを催すのですが、コンパなどへめったに顔を見せない彼女は、そのパーティへは出席してくれたのです。そして、他のゼミ生や、私の家族と楽しそうに話したり、飲んだり、食べたりしてくれたのです。

　そして3年生の夏休みに入る直前、私の研究室へ来て、夏休みにアフリカへ行く、というのです。私は、びっくりして彼女の計画を聞きました。ちゃんとしたNPOの団体の一員としていくということで危険性はないようですし、何よりも、高校時代、めったに外へ出かけなかった彼女が、こうして外国へ調査旅行へ出かけられるようになったのです。それだけでも立派なことだ、と思い、アフリカへ行くことを許し、そして現地でしっかりと調査するように激励しました。

　その調査旅行の結果が、卒業論文としてまとめられ、さらに審査委員会の選考に通って学術論文集に発表されるという大きな成果となって現れたのです。

## 論文の書き方

　大学3年生の後期に入ると、就職の準備を始めなければなりません。従

# 論文を書く楽しさと苦しさについて　第7章

来は、4年生になってから、つまり、5月の「ゴールデン・ウィーク」前後から本格的な就職活動が始まったのですが、日本の企業間で結ばれていた就職協定が破綻し、学生を採用する時期は企業にまかされるようになった今では、それが6か月ほど前に始まるようになったのです。

自分の希望する会社の入社試験を受けるためには、まず「エントリー・シート」と称される申し込み用紙を提出しなければなりません。その用紙には、なぜその会社に入りたいのか、といった志望動機から、その会社でどんな仕事に就きたいのか、といった事項、留学の経験、語学の能力といったことまで細かく記述しないといけないのです。さらに、大学ではどんなゼミに参加し、そこで何を専門的に勉学したのか、そして、卒業論文のテーマは何か、についても詳しく記述しないといけないのです。したがって卒業論文の作成は、学生にとってとても大切な仕事であり、大袈裟な表現をすれば、まさに本人の一生を左右するような仕事なのです。

そのため、卒業論文を作成するにあたって、作成する本人は当然、真剣に取り組まなければなりませんが、指導する教員達も真剣に指導しなければなりません。

さて、卒論を含めて論文を作成するにあたって、どのようなことに注意しなければならないのか、について考えてみましょう。

## 何について書きたいのか

前にも述べましたが、ゼミに入ると、たいてい、学生達はこのゼミで何を勉強したいのか、について短いレポートの提出を求められます。このレポートで綴ったことがたいてい卒論のテーマになるのです。そこで論文を作成する場合、まず、何について書きたいのか、そして書く目的が何か、さらに、書く「意義」は何かをしっかりと自分の頭の中に確立しないといけません。なんでもいいから卒業するために必要だから書くのだ、という気持ちで論文を書くべきではありません。また、そのような意識で作成した論文に大した論文はありません。

論文を書く目的とか意義というものは、さあ論文を書くぞ、と机に向かって一人で力んでみても思いつくものではありません。まず2年生から3年生になってゼミに入り、自分自身で経済学の分野のさまざまな方面に関心を示し、そして図書館で本や専門雑誌に目を通したりするうちに、自然と、「そうだ、この分野を自分の専門としよう」と思いつくものなのです。また、ゼミで仲間達が行う口頭発表に刺激を受けることもあります。より活発に活動しているゼミを選ぶべきだ、といわれているのは、このような理由によります。活発なゼミに入るほど、他のゼミ生より、より大きな学問的刺激を受けることになり、自分の学生生活をより有意義なものしてくれるのです。

## 自分の言葉で書く

　卒業論文は、400字詰原稿用紙で、たいてい50枚以上とか100枚程度であることを求められます。もちろん、パソコン等で仕上げなければなりません。したがって、パソコンは大学で勉強する際にはもっとも必要で基本的な技術だ、といえます。

　論文を書くとき、絶対に注意しなければいけないこと、つまり、「やってはいけないこと」は、他人の文章を、さも自分の手で書いたように丸写しをすることです。これは「剽窃（ひょうせつ）」といわれる行為なのです。剽窃とは、盗作のことであり、いかなる場合でも、絶対にやってはいけないことなのです。

　時として、文章を書いて生活しているプロの作家の世界でも「剽窃問題」が発生し、大騒ぎになることがあります。また、学問の真理を探究し、それによって社会に貢献することを使命としている学者・研究者でも、また作家でも、一旦、剽窃問題を起こすと、まず例外なく、その世界から追放されることは間違いありません。それほど「他人の文章を丸写し」するという行為は、やってはいけないことなのです。

　学生だから、といって、他人の文章を丸写しをしてもよい、という道理

はありません。学生の論文を点検しているとき、研究者にも負けないような、驚くほど立派な文章に出くわすことがあります。そのとき、その論文を書いた学生をよび出して、それは自分の文章かと、問い正すと、たいてい、「つい写してしまいました」という答えが返ってきます。そこで、「人の文章を丸写しすることは、人のものを盗むことと同じだよ」といい聞かせるのですが、中には「ほんの2〜3ページくらいなら大丈夫でしょう」と平然という学生もいます。その都度、半ページだろうと、1ページだろうと、人の文章を写すことは絶対に許されることではない、と、厳しく指導するのです。

とにかく論文を書くときのもっとも大切な基本は、自分の頭で考えたことを自分の力で文章にする、ということです。

### 自分の考えをしっかり述べる

「論文を書くことなど簡単さ。何について書きたいかがきまったら、それに関する書物とか雑誌をいくつか読んで、必要なところをひっつければいいだけさ」などという声を聞くことがあります。

これほど間違った考えはありません。そもそも論文を書かせるのは、「自分はこんなことを学んできて、こんなことを知ったので、人々にぜひ聞いてほしい、知ってほしい」という願望からなのです。したがっていくつかの他人の書いた文章をひっつけるだけのものは論文ではありません。

さて、論文の中で自分の考えを述べる、という仕事はなかなか骨の折れる仕事ですが、論文を書く目的のもとでたくさんの論文や雑誌、書物に目を通すとき、なるべく執筆者の意図を探すように読んでいくと、その中に問題点が見受けられるものです。「この著者はこんなことを主張しているけれど、これは果たして正しいのだろうか」とか「おや、この考えは、あの有名な学者の考え方と随分違うぞ」「この考えは、将来とも有効だろうか」などというように、書物とか論文を読んでいくときには、絶えず疑問点を見つけ出すような態度を取り続けていけば、そこに自然と自分の考え

が、ふつふつと沸いて出てくるものなのです。

　よく考えてみると、例えば日本経済の状態についても、10人いる学者・研究員の意見が全員一致している、ということはありません。テレビの討論会を見ていても、不良債権の処理方法について、経済専門家の中で大きな意見の不一致が見られ、顔をまっ赤にして議論していることがよくあります。こんな状況を見ている人々は、なぜこれほど経済学者の意見は違うのか、と疑問に思うとともに、経済学者に対して不信感さえいだく原因になりかねないのです。特に定理や公理、そして命題といった厳格な規則によって理論の基礎が構築されている経済学の分野においてさえ専門家の間で意見の不一致が見られるのです。経済学を専門としない人々から見ればこの現象は不思議に思えることでしょう。

　しかし、経済現象は日々変化しており、それも、研究者が確立した理論で説明できないような要因によって変化してしまうことが多いのです。今、例として「外国為替相場の変動要因」を考えてみると、外国為替相場は、外国為替がほしい人（需要）と売りたい人（供給）の二者によって決定される、と理論的には考えられます。しかし、現実には、「もしかしたら円高になるかも知れない」という「思惑」が人々の心の中に大きくはびこるようになると、為替相場は理論的な考えを通り越した動きをするようになるのです。

　また、政府内のきわめて重要な地位にいる人々が、自分の考えを「不用意に」発言すると、そこに、また「思惑」が発生し、為替相場は経済の実体とかけはなれた動きをするようになるのです。この「思惑」については理論的に分析できませんし、人々の内面の変化がどう経済の変動に影響するのかについては、なかなか分析できない、という事実があります。もっとも、最近の経済理論の中では、この思惑を「予想（expectation）」という言葉に置きかえて理論を展開するようなりました。

　以上見てきたように、学者・研究者が書く論文の中には意見の「不一致」が見られ、それらを見抜きながら論文を読んでいくことは論文を読む

大きな仕事だ、といえます。これらの「不一致」を見つければ見つけるほど自分の考えが鮮明になり、自分が書きたいテーマも「これだ」と頭の中で確立し、自分の言葉で論文が書けるようになってくる、といえるでしょう。

### 「形式」を明確に

論文を書くときには「形式」を重んじることは大切なことです。つまり、何かを書くときには「起承転結」が必要だといわれていますが、論文を書くときも、これは基本中の基本だ、といえます。

論文を作成するときには、まず、論文を書く目的と意義を明確にしなければいけません。この論文を、なぜ書くのか、私はこんな勉強をして、こんなことを知りました、だから、ぜひ私は、このことを訴えたいのです、という目的意識を持って執筆しなければならないからです。この目的と意義が明確にされていない論文は、いわゆる「しまりのない論文」とか、「幽霊のような論文」と見られているのです。

小説でも、必ず「書く必然性」があって作家は文を綴っているのです。文を書く必然性が大きければ大きいほど多くの人々に大きな感動をもたらし、後世に残る名作となるのです。したがって書く必然性を見つけるために、作家は、時として自ら苦しい人生を送ったりするのです。そうすることによって生きる意義を見つけ出し、それを多くの人々に伝えるために文章を綴っているのです。

恐らく論文を書く、ということも同じでしょう。

### 「分析手法」も身につけて

論文を書くときには、「分析手法」を必ず明確にしなければなりません。まず、論文で書く目的を明確にし、それから、結論を導き出さなければなりませんが、その結論を得るために用いた分析手法をはっきりと記述しなければなりません。この分析手法が明確に記述されず、ただ結論だけが述

べられている論文は、まず「信用」されません。

　そこで論文を作成するのに必要なことは、「分析手法」をしっかりと身につけることです。

　学生の中には、自分で地方のある地域へ行って、その町の発展形態、住民の意識などについて調査する例もあります。また、ある町の国際化、つまり、外国から移り住んだ人々と、地元の人々との係わりについて調査したりします。そのような調査は「フィールド・リサーチ」といわれており、現在の経済学部の学生達の間では人気のある勉強の仕方となっています。

　そこでこの調査で収集した資料から論文で目的とした結果を見つけ出すには、さまざまな分析手法があるのです。それは、計量的な分析手法や数学的な分析方法、統計的な分析方法、さらに歴史的な分析方法といったものが考えられます。

　まず、論文で何を主張したいのかをはっきり頭に描いたならば、この主張に対応する結論を導き出すためには、どのような分析手法が必要かをとらえ、しっかりと身につけることが必要になってきます。

　そのときこそ、指導教授の指導が必要になってくるのです。もちろん、教員といえども、先程述べたすべての分析手法を指導できるとは限りません。むしろ、何でもできる、という教員はまれです。しかし、学生が論文を作成するのに必要な分析手法を身につけるにあたっての専門家を学生にひき合わせ、その人に学生の指導をお願いする、という仕事は教員にもできる仕事ですし、また、大切な仕事だ、といえます。

### 引用文の出所をしっかり記入する

　学生の論文を読んでいて目につくのは、必要なとき他人の文章を自分の論文に用いてもかまわないのですが、それが誰の文章で、どこに発表されたのかが、はっきりと記述されていないということです。すでに述べたように、他人の文章を、無断で自分の論文に転用することは、人のものを

「盗んだ」ことと同じことになるのです。

　そこで、他人の文章を、自分の論文の中で用いるときは、その文章全体に必ず「　」をつけて用いないといけません。つまり、「　」の中の文章は、誰々の文章で、どこどこの本とか雑誌の何ページに発表されたものである、ということをはっきり示したものであって、丸写しではない、ということを読者に示すことになるのです。

　私は、学生を指導するとき、「できるだけ詳しく文章の出所を明記しなさい、それが多ければ多いほど君がどれほど時間をかけ、努力して勉強したかを証明する証になる」とよくいいます。さらに、「文章の出所ができるだけはっきりと記述された論文ほど、より誠実な態度で作成された論文だと高く評価されるのだ」とくり返し学生達にいっているのです。

　引用の仕方については、論文を書くときには、ゼミの担当教員から必ず手ほどきを受けるはずです。これを私は「文章作法」とよんでいます。この文章作法をひととおり手ほどきすることは、ゼミの担当教員にとって大切な仕事の１つなのです。

　論文を作成するとき、図表を用いることがありますが、その図表の出所も必ず明記しなければなりません。例えば、何かの年鑑の統計資料の数字を用いて、年ごとにどのように変化したのかを図表に表す場合も、必ずその図表の下に、「基礎資料出所」と明記して、参考にした年間の名称、刊行機関、年号、ページなどを記入しなければいけません。それがないと、いわゆる、資料を無断借用したことになり、盗用したことになります。

　例えば、日本の経済成長率、人口増加率、貯蓄率、投資増加率、個人消費の変化率と、さまざまな経済指標の年々の変化の推移を図表に表すことがありますが、そのつど、参考にした資料の出所を必ず明記しなければいけません。

# 第8章
# 経済学部を終えてからの進路

## 就職を成就する方法

　ひと頃、世間では経済学部へ入っておけば「つぶしが効く」といわれていたことがあります。この言葉は、経済学部で経済学を学び経済に関する知識をしっかりと身につけておけば、どんな分野へでも入っていける、そして、どんな分野ででも、立派に生きていける、ということを意味していました。

　この言葉は案外、的を得ているかも知れません。というのは、経済学部の卒業生は、それこそありとあらゆる業種に就職していきます。たいていの大学でも、経済学部が一番多くの求人数を数多くの企業から得ているといえるでしょう。

　考えてみると、文学部や芸術学部などで学んだ専門知識よりも、経済学部で学んだ金融論とか財政学の知識、さらに、外国為替相場の知識は一般の企業で働く場合、より直接的に役立つと考えられます。また、法学部で学んだ専門知識も、法律に特化しているように考えられます。

　さらに、商学部とか経営学部で学んだ知識は、経済学部で学んだ知識よりも一般に「実学的」だとも考えられます。世間ではこんなこともいわれています。つまり、商学系統の学問は「そろばんをはじく如く」であり、経済学系統の学問は「大所高所からものを見る目を養う」のに役立つ、ということです。事実、商学部や経営学部では、簿記・会計から始まって、財務関係、さらに、会社を経営するのに必要な、人事管理、労務管理、資金運用策などについての科目を集中的に学ぶ学問であり、この学問的体系を見てみると、やはり「実学を主とした学問だ」、ともいえそうです。

　それに対して経済学部では、主として、一国の経済を成長させる方法を

学ぶ学問であり、また社会を安定させる政策を学ぶ学問である、といえます。また、自分の国が歩んできた道程を歴史的事実について検証し、そこから、自分の国が進むべき方針をも見つけ出すことも経済学に課せられた大きな仕事です。こんな大きな課題を背負った経済学だからこそ社会科学の分野の中で「盟主的な地位」を与えられているのでしょう。

事実、欧米では、社会で大きく活躍するための資格として、自分の国の生きる道をきちんと語れて、さらに、自分の国の現状を正しく把握できており、自分の国の進むべき道を堂々と語れる知識を持っていることだ、ともいわれているのです。つまり、知識人として社会で生きていくためには、経済学を学んで得た知識が必要である、といえるでしょう。グローバル化とかボーダレス化が一層進み、日本という狭い社会だけでなく、世界的な舞台で仕事をしなければならない人々にとっては、これから一層経済学で学ぶ専門知識をしっかりと身につけることが求められています。

もちろん、経済学では、現実に企業が営業活動を遂行していく方法について詳しく学んでいきます。

つまり、企業の投資行動の理論、人々の消費行動の理論などを学ぶことから、企業における投資管理の問題にかかわったり、また、店舗展開政策などにたずさわるとき、経済学部で学んだ知識が生きてきたりすると考えられます。

### 難問突破で国家公務員へ

経済学部で学んだ知識を活かして進んでいける道は、商社、金融関係、流通・百貨店関係、不動産・建築関係、製造業関係といったように、ほぼあらゆる業界へと開かれています。さらに、経済学部の卒業生は、市町村の役所や県庁に勤めたりといった地方公務員や、国家公務員になる割合もけっこう多いのです。また、経済学部での主要科目である、財政政策を中心として、租税論や税法さらに簿記、会計学といった税と法律との関連科目を学び、国家試験を受ければ、税理士、国税専門官という大変すばらし

い仕事に就くこともできます。

　前に述べた地方公務員も高校枠を対象としたものから、大学枠を対象としたものなどありますが、大学枠を対象としたものは上級職といわれ、その試験はかなり難しいことは間違いありません。国家公務員もⅠ種とⅡ種があって、Ⅰ種とⅡ種とも大学卒業者を対象としているのですが、Ⅰ種はいわゆる将来中央官庁でトップの地位に登りつめる人々を対象にしたものであり、一般に「キャリア」を目指す人々が受ける上級職のための試験です。しかし、Ⅱ種を受験して国家公務員になることも、そう簡単な仕事ではありません。大学に入学し、公務員になろうと決めたら、ぜひ公務員試験の「過去問」という問題集を開いてみて下さい。よほど懸命に勉強して準備しないと合格しないことがわかります。とりわけ、国家Ⅰ種の問題は難関であり、この試験に合格するのは、やはり懸命に勉強した一握りの人々だけだ、といえそうです。

　国家Ⅰ種に合格したこんなケースもあります。本人は世間で名の知れた大学の工学部でシステム工学を学んでいたのですが、教養学部時代、さまざまな学問を学ぶにつれて、国家の行く道を考えるような仕事に就きたいと一念発起して、工学部の授業を取りながら、自分で経済学の勉強を始めたのです。経済学のさまざまな理論を「独修」したことになります。そんな勉強を約1年半続けた後に、国家Ⅰ種の「経済職」の試験を受け、一次、二次と見事難関を突破したのです。そして経済職による「事務官」として中央省庁で勤め始めたのです。このⅠ種に出題される問題は、計算問題が多く、常日頃これらの計算問題に慣れ親しんだ者だけが合格する、といえます。一度も計算問題に取り組んだことのない人が受けても、まず100パーセント合格しないでしょう。

　どんな問題が出題されるか、その例題の1つを見てみましょう。

> 『国民所得（Y）は消費支出（C）と投資支出（I）の和である。また消費関数は国民所得の線形関数として、C = 0.8Y + 10 の形で表せるものとする。ここで投資支出を 20 としたとき国民所得はいくらになるのか』

　このような問題がたくさん出題されるのです。そこでこれらの問題に日頃慣れておかないと試験場に出かけていってすぐにできる、ということはまずありえないのです。丁度それは、剣の修業をごく短期間だけして、いきなり宮本武蔵に決闘をいどむようなものです。まず絶対に勝ち目はありません。そもそも学問とは剣の修業のようなものでしょう。

　最近、経済学部を学ぶ学生の中に公務員志望者が多いという現実をかんがみて、たいていの大学ではその大学に公務員受験講座を特別にもうけて学生達の便をはかっている場合が多いのです。経済学部に入って、「よーし、公務員になろう、それも国Ⅰだ、そして将来中央官庁に入って国の政策立案に参加しよう」と大志をいだいたら、まず迷うことなくこの講座を受講することをすすめたいと思います。この講座を受講しても、単位がもらえるわけではありませんが、将来の進路決定には大きな力になるはずです。そして、その講座を担当する先生方は、たいていの場合、経済学の知識に長けており、どんな問題でも瞬時に解くような実力の持ち主が多いのです。私などは経済学の教員ですが、とてもこれらの問題をすべて解ける、などとはいきません。

　私の友人の中に関西のある大学で財政学を担当している教授で、大学院時代から理論経済学を懸命に勉強し、数理経済学に強くなった、ということもあって、前に出てきた経済学の計算問題にすこぶる強い人がいます。私がこのような問題の難しさを述べると、「なあに、要は慣れですよ」といとも簡単にいってのけます。そしてどんな難しい問題でも、あっという間に解いてしまうのです。私はそんな彼の実力をかなり羨しく思ったり、

感心したりしています。彼のように、学問はやはり懸命に努力しないと実力はつかないということを力説しておきましょう。

## 就職を"ゲット"するには熱意が大切

### 学力よりも人物次第

　私のゼミ生の中に、どうしても「旅行関係」の会社に就職したい、という学生がおりました。私がなぜ旅行会社に就職したいのか、とたずねると、彼は人が好きだ、というのです。たしかに彼はゼミでも中心的な役割を果たし、ゼミ生の世話をあれこれこまめにしてくれました。ゼミで、経済成長の問題について精密なデータをもとにして研究発表をしてくれたので、私はてっきり銀行にでも就職するものと思っていました。それに彼はたいして英語に強い、と私は思っていなかったものですから。

　その彼がある日研究室に私をたずねてきて、「先生、僕はどうしても旅行会社に就職したいのです」というのです。その理由は前に述べたように、人の世話をするのが好きだ、ということです。私は、実のところ、旅行会社は添乗員としてお客をつれて今日はアメリカ、明日はヨーロッパと外国を飛びまわり、世界狭しと活躍しなければならない大変英語を必要とする仕事だ、と思っていたのです。私は、「旅行会社へ就職したいといっても、英語は大丈夫か」とおそるおそるたずねました。すると彼は、にっこりして、「先生、大丈夫ですよ、僕はこれでも英語には自信があります」と平気でいうのです。私は彼自身そこまで自信があるのならと、日本の代表的な旅行会社に彼を推薦しました。すると、彼は一次、二次と合格し、ついに最終の役員面接もクリアし、合格してしまったのです。彼の喜びようは天にも昇るようなものでした。後日、その旅行会社の役職にある人から、彼が合格した理由を聞く機会がありました。その理由を聞いてなるほどと私はうなりました。つまり、その会社は、会社の性質上英語がう

まく話せる社員は必要であるが、それより何より、人物本位で採用するとのことです。受験生を面接するとき、その人が、どれほど人が好きか、人の世話をするのがどんなに好きか、ということが合格を左右する大きなポイントになる、というのです。成程、そうすると、「僕は人の世話をするのが好きです」と一言いい放った彼は就職戦争に勝った、ということになりました。私は、人生ってわからないものだ、とつくづく考えさせられました。そして学生を指導するにあたって、よい経験をしました。就職をするためには学力だけではだめだ、ということを。

### さまざまに広がる進路

　私は、学生達の進路指導にあたって常々いいふくめていることは、まず自分の経済学の専門性を深めよ、ということです。銀行に就職したい人は、金融関係の知識を徹底的に高め、その上で数学的分析手法を身につけ、さらに英語の力をつけるようにいっているのです。銀行に就職したい人が、都市銀行と地方銀行の違いもわからずして、また、銀行とはいったいどんな仕事をするのかさえわからずして銀行の面接試験を受けるのは、素手でライオンに向かっていくようなものです。まず100％ライオンに食い殺されるに間違いありません。

　経済学部に入って、１年生、２年生と勉強を続けていくうちに、自分の専攻分野を決定したら、その専攻知識を活かせるような業界に職を見つけていくのが一般的な進路決定のあり方です。

　ゼミに入ったときに、その人の生来の進路も漠然と決まるようになってくるものです。例えば、私の「ゼミ」は国際経済学専攻となっていることから、私のゼミを選択する学生は自動的に「国際経済学」のゼミに属することになります。そして国際経済学に関するさまざまな理論を勉強することになります。

　国際経済学を専攻したゼミ生の進路は、一般に多岐にわたります。それでも私のゼミ生の多くは、銀行や証券会社といった金融関係の業界に入っ

# 第8章 経済学部を終えてからの進路

ていくケースが多い、といえます。さらに、商社に、とりわけ、鉄鋼とか、コンピュータを扱う専門商社へ職を求めていく学生もけっこういます。

　また、教職課程を取り、高校教員の二級免許を取って教職に就く学生もいます。経済学を専攻した学生は、教職課程を終了すれば、中学一級、高等学校二級の社会科の教員免許が与えられ、各自が希望する都道府県の教員採用試験に合格すれば、中学校、高校の教員になれます。最近の傾向として、教員志望の学生が多いことを述べておきましょう。

　私は、2年生の後期になって自分のゼミに入ってくる学生に、教員になることをときどき強くすすめることがあります。といいますのは、大学で国際経済学を中心として経済学の知識をたくわえ、それを日本の未来をになう若い人々に教え、教育することは、とてもすばらしいことだ、と思うからです。

　私は、日頃学生の教育に接していて、ひょっとすると私に一番似合っている職業は「教師」ではないか、と思うことがあります。それこそ「迷える羊」を導くのはとても大切な仕事であり、また魅力的な仕事でもある、と常日頃考えています。

　話はそれますが、私と友人の二人が大学院を出て、新米の大学教師となって赴任するとき、恩師の先生よりこんな「はなむけ」の言葉をいただきました。「君達は大学で教育にあたることになった。ということは君達は金銭でははかれないすばらしい仕事に就くことになったのであるから、大学の教師であり続ける限り、栄誉栄華な生活を望んではいけない」と。20歳代に別れを告げようとするとき、こんなすばらしい、いわば「人生を決定する」ような言葉を恩師からいただいたのです。これこそ、どんな財貨にも勝る言葉ではないのか、と今でも私の心の中にしっかりと残っており、学生達を教育する際、困難に直面したとき、その言葉を思い出して勇気を出して事にあたっています。

# 就職とインターンシップ

## 海外でさかんなインターンシップ

　経済学部だけとは限りませんが、最近、大学を終える前に、一般企業や、官庁、さらにさまざまな形のNPOなどに、一定期間在籍し、そこで実際の職務経験を積む、という学生達が多く見受けられます。この制度は、「インターンシップ」とよばれ、日本でもたくさんの大学でこの制度を取り入れるようになりました。

　日本ではこのインターンシップという制度は目新しい制度ですが、アメリカの大学ではめずらしくありません。とりわけ、経済学や経営学を専攻している学生達は、企業や官庁などに率先して訓練生（trainee）として入っていき、そこで1学期間くらい実務教育を受け、その間に自分の適性を見出し、将来進むべき道を探し出すのです。

　オーストラリアの大学もこの制度を採用しています。私が数か月働いたメルボルンにある国立メルボルン工科大学の学生は、3年生になると全員企業へインターン生として出かけていきました。ある者は銀行へ、ある者は商社へという具合に、男子学生も女子学生も出かけていきました。

　考えてみると、大学にいては銀行の仕事の内容も、商社の仕事の内容もわかるはずがありません。第一、大学で教える教員達のほとんどが現実に企業で勤めた経験を持っていないのです。金融理論を教えることはできても銀行の実務教育を授けることはできません。教員は会計学を教えても、現実に企業で経理の仕事をしたことはありませんし、価格決定の理論を教えても、販売する財に価格をつけたことはまったくありません。また、教員は、賃金決定の理論を教えても、人々に賃金を支払ったことはありません。こんな現実を指して、大学の教員は現実の社会のことは何も知らなくて、ただ机上の空論を唱えるだけだ、と辛辣な言葉を浴びせられることがあります。しかし、謙虚に考えると、この言葉はかなり真実に近い、とい

経済学部を終えてからの進路 第8章

えなくもありません。

　このような現実を考えると、企業でインターンシップを受け、現実の社会の厳しさを知らなければならないのは、案外経済学を教える教員自身かも知れません。

　学生の中には、一般企業や、地方の行政機関へインターンシップとして出かけ、約1か月近く実務教育を受けて大学へ戻ってくると、自分の将来進むべき道を決めてきたり、また、企業という、大学の社会と違った社会を自分の目でしっかりと見てきた、という自信で、一まわりも二まわりも大きく成長した姿を見せたりすることがあります。こんな学生に接すると、大学と企業はさらに連携を深め、若い人々を有益な人材に育てるために努力すべきではないのか、という気持ちが強くなります。

　大学を出てせっかく就職しても、数か月の内にその職を辞してしまう、という学生が少なくありません。その主な原因は、就職戦線に乗り出していく際に、企業についての知識があまりにも乏しく、いざ就職して、その企業に入っていったものの、そこでの仕事内容があまりにも自分がいだいていた想像と違いすぎる、という現実にぶつかるからです。このような出来事は、就職した本人にとってはいうまでもなく、雇った企業にとっても悲しいことに違いありません。このような悲しい出来事を避けるためにも、学生時代に企業に出かけていき、そこで実務教育を受け企業についての知識をしっかりと身につけて企業に入っていくという考えは、きわめて的を得たものだ、といえるでしょう。

### インターンシップに積極的な女子

　さて、実際に大学生の間でインターンシップはどのように認識されているのでしょうか。

　表8－1は、インターンシップの認識状況を示した表ですが、この表によると80％以上の大学生がインターンシップの存在をよく知っていることになっています。とりわけ、男子学生よりも、女子学生の方が認識度

が高い、ということは興味ある事実だ、といえます。これは、もしかすると、男子学生よりも女子学生の方が就職は厳しい、という現実があることから、女子学生は、インターンシップを経験し、キャリア・アップをして自分の能力を高めて就職戦線へ乗り出していこう、という努力の現れなのかも知れません。そのことは、事実として如実に数字となって現れているのです。

表8－2を見ると興味ある傾向がわかります。インターンシップの経験は、文系、理系にかかわらず女子学生の方が多いのです。また、応募者数についても女子学生の方が断然多いのです。

とりわけ文系女子のインターンシップへの取り組み方は、他を圧倒しているようにも見られます。このことは、文系の女子学生は、一様に就職に対して危機意識をいだいている結果だ、ともいえるかも知れません。

**表8－1　インターンシップの認知状況**

(％)

|  | 知っている | 聞いたことがある | 初めて聞いた |
|---|---|---|---|
| 全体 | 79.5 | 17.6 | 2.9 |
| 文系男子 | 78.4 | 19.4 | 2.2 |
| 文系女子 | 83.8 | 13.2 | 2.9 |
| 理系男子 | 75.9 | 20.7 | 3.4 |
| 理系女子 | 83.0 | 12.8 | 4.3 |

出所：「大学生意識調査―2003年度結果報告」6ページ。
http://navi.mycom.co.jp/saponet/release/ishiki/2003ishiki/

**表8－2　インターンシップの経験状況**

(％)

|  | 経験した | 応募したが選考にもれた | 応募していない |
|---|---|---|---|
| 全体 | 15.9 | 9.6 | 74.5 |
| 文系男子 | 15.6 | 8.3 | 76.1 |
| 文系女子 | 17.5 | 17.5 | 64.9 |
| 理系男子 | 15.2 | 6.1 | 78.8 |
| 理系女子 | 15.4 | 7.7 | 76.9 |

出所：表8－1と同じ。

## 企業が求める人物像

　さて、大学で懸命に学んだ後で、実際に入社試験を受けて、首尾よく希望する企業に合格した人はその企業に入っていくことになります。しかし、その前に、いわゆる"就職戦線"に身を投じなければなりません。つまり、学生達は、着なれぬスーツ姿で"企業訪問"をするわけです。それも１社や２社ではありません。20社、30社と足を棒にして、靴がすり切れるほど企業を訪問し、入社面接を受けなければならないのです。

　企業は訪問してくる多くの学生から、できるだけ優秀な学生を、また、できるだけその企業に適した学生を合格させ、入社させようとします。それは企業にとって当然でしょう。企業は営利追求を第一としているので、慈善事業団体でありえない以上、人事採用の面でも、最高の人材を採用しようとあらゆる手を使って選別します。この辺を指して"就職戦線"などという言葉が人々の間で口にされるのです。

## 企業の本音とは？

　さて、企業は卒業を間近に控えた学生を採用する際、いったいどんなことを重視して採用するのでしょうか。

　私が勤めている龍谷大学キャリア開発部が出している資料によると、企業が重視しているポイントが15項目あがっています。その中から、ベスト・ファイブを列挙してみましょう。

---

１．積極性
２．責任感
３．コミュニケーション能力（ツールとしてのパソコン・語学能力）
４．協調性
５．健康状態

---

以上の5つの項目は、いずれもなるほどと思わせるのに充分なものばかりですが、もっと深く内容について見てみましょう。
　学生達が入社の採用選考で問われる内容は次のようなことが考えられます。これも主なものベスト・ファイブを列挙してみましょう。

> 1．大学で何を学んできたのか（特にゼミや卒業論文の内容）
> 2．大学生活で何をしてきたのか（自発的な取り組みと、その中で成長したこと）
> 3．目標を持ち、粘り強くその目的に向かって取り組む姿勢があるか
> 4．コミュニケーション能力があるか。また、コミュニケーション能力を支えるツールとして「語学力」「情報処理能力」はどうか
> 5．変化への柔軟な対応力があるかどうか

　考えてみると以上の1から5までのことがらはまったく"常識的な"ことがらであり、このことから企業は、正しいことを正しく認識できる常識的な若者を求めている、といえそうです。つまり、大学へ入った若い人々は、何が正しいかをはっきり認識できるような姿勢で学問に取り組むことが大切だ、といえるでしょう。
　最後に、企業はこういう学生は見向きもしない、という項目をあげておきましょう。さきにあげた資料は"採用に不利な学生"人事部長の本音」と題して掲げています。その主なものを列挙しておきます。

> - 「読み・書き・そろばん」（現代は語学力とパソコン）のできない学生
> - 一般教養、社会の一般的な出来事なども頭に入っていない学生
> - 基本動作（挨拶、みだしなみ、基本姿勢等）がわからない学生
> - 「自分は自分だ」といって他の人に協力しない人
> - 決められたことしかしない。自ら行動する場合も自分流でしか行わず責任も取りたがらない人
> - 自分の人生、未来を真面目に考えられない人

これらの項目を読んでみると、大学へ入ったらどのような学生生活を送ったらいいのかが理解できると思います。

学生は、若者の特技を活かして、限りなき可能性を追い求め、独創性にめざめた旺盛な研究心を持った学生生活を送ってほしい、と願わずにはいられません。

## 入社試験の難しさ

「大学や　就職までの　一里塚」、などといってのんびりした大学生活を送っていると、とんでもないことになるのです。つまり、就職試験が4年生になるとすぐに待っているからです。

就職活動は、3年生の10月になると本格的に開始されます。つまり、会社から入社案内を取り寄せたり、また、会社が主催する「企業ガイダンス」などに足を運んだりすることになります。さらに、「OBまたOG訪問」と称される企業訪問が頻繁に行われるようになります。こういった一連の就職戦線の前哨戦は、3年生の12月にピークを迎えることになり、2月か3月になると、そろそろ企業から「内々定」とか「内定」をもらってくる学生が現れます。

といっても、学生達に本格的な内定通知がもたらされるのは、4年生になってすぐ、つまり、4月になってからです。4年生になると、学生達は企業での入社試験に毎日のように出かけるのです。したがって、4年生のゼミや講義は「開店休業」の状態になります。

さて、この入社試験は、一般に2つの形式を取ります。1つは「面接試験」であり、もう1つは、「筆記試験」です。この筆記試験は、本人が大学で学んだ専門の知識を知るための試験と、さらに本人の教養の深さや性格などを知るための「適性試験」からなっているのが普通です。

たとえ、成果主義が大幅に取り入れられ、個人の創造性が重んじられるようになったとはいえ、いまだ企業内の組織の充実を重要視しているのが

企業経営における現実です。そこで、入社を目指す学生達が、その企業の組織にいかに適応していけるのかについて検査されるのは、企業から見ればしごく当然のことといえるでしょう。

### 適性検査対策を早めに

そこで、今では多くの企業が、入社試験を受けにきた学生に「適性検査」を課しているのです。この適性検査で広く用いられているのが「SPI」という名称を持っている試験です。SPIとは、Synthetic Personality Inventoryの頭文字を取ったものです。これらの単語の意味を見てみるとSyntheticとは「総合的な」という意味であり、Personalityとは「性格」とか「個性」という意味であり、さらに、Inventoryとは「目録」とか「在庫品」などという意味だ、ということがわかります。しかし、SPIとは英語を直訳すると「個人に関する総合的な一覧表」ということになり、それはまさに適性検査ということになります。

3年生の後期になると、このSPIを多くの学生達は受けるようになります。このSPIとは英語の名前がつけられているけれど、別にアメリカで開発されたものではありません。このSPIは日本のある大手の人材開発関係企業が、1970年代の前半に開発したものです。したがって、日本の企業を知り尽くした人材開発関係企業が開発した日本人向けの適性検査であるだけに、日本の多くの企業が入社試験に際し、この試験を学生に課しているようでもあります。

私は、学生達に、このSPIを早く試しに受けてみることを強くすすめているのです。というのは、SPIは、初めて受けた人は全部解答できる、ということにはならないほど、時として難しい問題が出てくるからです。このSPIも、英語能力検定試験（TOEICとかTOEFL）のように、2回、3回と受けていくと、点数も上がっていくのです。

さて、このSPIですが、検査Ⅰ、Ⅱ、Ⅲ、Ⅳの4つの検査より成り立っています。検査Ⅰには、言葉の意味の理解力とか、文章の読解力を問

う、言語能力問題が中心に出題されています。例えば、「次の単語と同じ意味を持つ言葉を次の5つより選びなさい」、といった傾向の問題です。

検査Ⅱには、数字に関する問題、つまり、非言語能力問題を試す問題が出題されています。早くいえば、いろいろな計算問題です。今、1つの例題を出すと、「和が12、差が2の2つの数A、Bがあるとき、大きい方の数Aの値を求めなさい」といったものです。そこには、小・中学校で習った「つるかめ算」などがよく出題されています。

さらに、確率の知識を試す「さいころの問題」、面積・角度・線分の長さを求める「図形とグラフの問題」、また「連立方程式」といったように、中学校と高校の1年生くらいに習った数学の問題が出されています。問題は、いずれもそう難しいことはありませんが、それでも一問を解いていくのにかけられる時間は、ほんの数分間といった程度ですので、前もってこれらの問題を解き、瞬時に反応できる訓練をしておくのが必ず必要だ、と思われます。

検査ⅢとⅣは、その人の「ヤル気があるのか」「協調性はあるのか」「精神はしっかりしているのか」といった性格適性を検査することを目的としています。つまり、この検査によって、その人は「外交的」とか「内向的」、さらに「積極的」「理性的」といった性格を判断するために用いられています。

いずれにしても、日本経済がいまだドン底状態にあるとき、企業は、できるだけ能力に富む優秀な学生を採用しようとする傾向が強くなっただけに、就職を志す学生達は、以前にまして学問に励み、よい成績を修め、なおかつ、入社試験に対する準備を怠ることなく進めていくことが必要です。

## フリーターにだけはならないで！

さて、就職に関してですが、時代の変遷とともに人々の意識も変化す

るのでしょうか。一般に、就職に対する学生の意識も変わってきたようです。つまり、かつてのように大学を出るときには何がなんでも就職して社会へ巣立っていこう、という気持ちが現代の学生達には小さいようにも見受けられます。

この事実を表8－3は如実に示しています。絶対に就職したい、と願う学生は文系男子で81.7％、文系女子で82.4％と、80％以上の値を示しているのに対して、理系では、男子も女子も、80％以下の値でしかありません。

一方、場合によっては就職しなくてもいい、と考えている学生は文系、理系を問わず、なんと多いことでしょう。

国立だろうと私立だろうと、何百万円という大金を使って大学教育を受けたものの、職にも就かずに大学を出ていくほど悲しいものはありません。無職という身分で大学を出ていくことは本人にとっても残念なことですが、せっかく大学で学んだのに、晴れて企業人となって社会へ出ていく子供達の姿を見ることを楽しみにしていたご両親にとっても、残念なことに違いありません。

日本経済が好況の中にあったときは、それこそ大して成績の芳しくない学生でも、おや、と思うような企業に就職していったのです。そんな時期の教員達は、自分の学生達の就職の世話などに大して時間も取られることもなく、楽なものでした。

しかし、いまだ平成の大不況の真っ只中にあって、存続に懸命の努力をしている企業にとって、即戦力にならない大学を出たばかりの若者を雇う

表8－3　就職希望状況

(％)

|  | 文系男子 | 文系女子 | 理系男子 | 理系女子 |
|---|---|---|---|---|
| 絶対に就職したい | 81.7 | 82.4 | 76.1 | 68.8 |
| 場合によっては就職しなくても構わない | 18.3 | 17.6 | 23.9 | 31.3 |

出所：表8－1と同じ、13ページ。

経済学部を終えてからの進路　第8章

余力などあろうはずもなく、大学生の就職状態はみじめな状態にあります。努力しても、どうせ大したところに就職などありつけっこない、とあきらめの境地にいるのか、あまり熱心に就職活動をしない学生も多々見受けられます。

　そんな折り、最近の厚生労働省の発表によれば、いわゆる「フリーター」の数がなんと数百万人にも達したことが明らかになりました。このフリーターとは、年齢は15～34歳であり、さらに卒業者に限定することで在学者を除く者とされています。さらに、フリーターとは、（1）現在就業している者については勤め先における呼称が、「アルバイト」または「パート」である雇用者、（2）現在無業の者については家事も通学もしておらず「アルバイト・パート」の仕事を希望する者と定義されています（厚生労働省監修『労働経済白書』日本労働研究機構、平成15年版、142ページ）。

　表8－4によると2002年のフリーターは、209万人という数字を示し

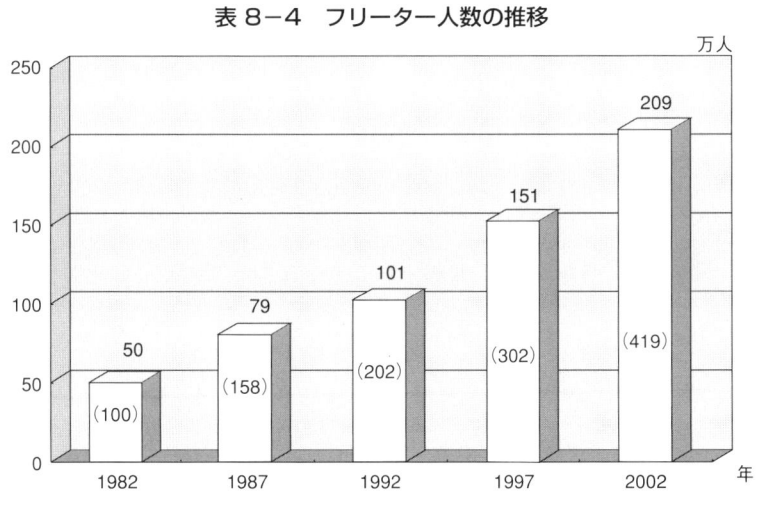

表8－4　フリーター人数の推移

| 年 | 人数（万人） | 増加率 |
|---|---|---|
| 1982 | 50 | (100) |
| 1987 | 79 | (158) |
| 1992 | 101 | (202) |
| 1997 | 151 | (302) |
| 2002 | 209 | (419) |

注：（　）内の数字は1982年を100としたときの増加率を示す。
出所：厚生労働省監修『労働経済白書』日本労働研究機構、平成15年版、142ページ。

ています。そのうち、中学・高校卒業者が139万人（66.5％）と一番高く、短期大学を含む大学卒業者は8.4％にも達しているのです。大学を出ても10人に1人はフリーターとなっているのです。しかし、現実にはもっとたくさんのフリーターがいるようにも見られます。

　今、資料によって、フリーターがどれくらい増加しているか見てみましょう。バブルがはじける前と後では、フリーターの数も大きな差があることが一目でわかります。1982年を100としてフリーターの増加率を見てみると、20年後の2002年では、なんと4倍以上にも増大しているのです。正職に就かない若者がなんと多いことでしょう。もちろん、2000年をすぎると、日本の失業率もゆうに5％を超えるようになり、日本全体で人々が職を見つけることは難しくなった、という事実はあります。

### 社会にマイナスとなるフリーター増加

　しかし、フリーターの人数がこれほど多い、ということはやはり異常です。しかも、現在ではその実数は、さらに大幅に増大していると考えられているのです。

　フリーターが増大すればするほど、社会は衰退していくと考えられます。まず、正職に就かない、ということは、将来、自分の家庭を持ったりすることができない、とう不安な状態に陥ることになります。そのような人々が増える、ということは社会を安定化させるのにマイナスの要因となります。

　また、正職に就かないと、当然、収入の面においても正職に就いている人々の収入に比べて、大幅に差がつき、それが消費水準を下げることになり、経済全体をダメにしてしまうのです。

　さらに、フリーターという立場にある人々は、職場で、正規に雇われている人々よりもその会社に対する、いわゆる「これは自分の会社だ」という思い入れが小さいと考えられます。つまり、その会社に対する忠誠心が小さい、と考えられます。また、正社員であれば、その会社の業務に精通

するために勉強しようとします。つまり向学心に燃えます。しかし、フリーターの多いところでは人々はどうせ短期間働くだけさ、という気持ちがあって向学心に燃えません。そのような職場では生産性は向上するはずがありません。そこで社会全体にとってマイナスになるのです。

　このように、フリーターが増大する傾向にある限り、日本の社会は安定しないのです。残念ながらフリーターの人数は、それこそうなぎ登り的に増大しているのです。

　最近もNHKが特集番組で、フリーターの悲惨な現実をレポートしていました。毎日若者と生活を共にしている教員である私は、この番組で写し出された1コマ1コマをみじめな気持ちをいだいて見つめました。大学を出た30歳近い1人の青年の姿に焦点をあてて、フリーターの生き方をレポートしていたのです。彼は一時しのぎ、と軽い気持ちでフリーターとなったが、いざ正職に就こうと懸命の努力をしても、なかなか正職に就けない、その有様をリアルに写し出していました。彼は職を求めに「ハローワーク」へ行くのですが、フリーターとしてさまざまな職種を経験するものの、それらの経験を、企業は一切目もくれないのです。したがって、この青年は大学を出てただ、無為に長い年月をすごしたにすぎないということになるのです。

　アパートの狭苦しい一室で、畳の上に新聞紙を敷き、それを食卓にして、1杯のインスタントラーメンをすする彼の姿に、いたたまれないあわれさを感じました。私はその場面を目にして、よーし、教師として学生にいい続けよう、フリーターには絶対になるな、ちゃんと職を見つけて大学を巣立っていくようにと。そのためには、努力して学問を積み、専門性を身につけてほしいと。

## 専門家を目指して大学院へ

　経済学部を終えてからの進路に「大学院への進学」が考えられます。大

学院での詳しい勉学の仕方については述べることはしませんが、大学院への進路について述べておきましょう。

　いわゆる「学部」を卒業すれば誰でも「院（大学院）」へ進学できる資格があります。時には自分は希望する企業に就職できないから、とか、国家公務員の試験を受けたが失敗し、再受験するためにとか、さまざまな理由で、とりあえず「入院」しておこう、という理由で大学院へ進学するケースもあります。それでも大学院へ進学するためには、難しい試験を受け、その上、面接を受けなければなりません。大学院の入学試験は、専門分野の筆記試験と語学の試験からなるのが一般的であります。専門分野の筆記試験は、たいていの場合、理論・政策・歴史、といった3つの部門より出題され、その中から受験生が大学院で専攻しようとする科目に関連した問題を選択し、答える、という仕組みになっています。もちろん、たいていの大学では、受験生の便宜をはかって、「過去問」が用意されています。そこで大学院へ進学を計画したらまず目的とする大学へ問い合わせ、大学院の試験要項と、その過去問をもあわせて手に入れておくことが何よりも必要です。昔から、戦いに勝とうと思ったら、まず敵の実態を十分に把握することが何よりも肝要である、といわれているように、大学院入試の必勝の第一歩は、希望する大学院の試験内容をじっくりと検討し、その傾向と対策をしっかりと立てることです。そうすれば難関と思われる大学院への進学も夢ではありません。

### 大学院入試には英語を磨く

　大学院の入試に関して、さらにつけ加えておかなければならないことは、語学の試験が課される、ということであります。この語学とは一般に英語である場合が多く、また、大学によっては、英語の点数が重要視される度合いが高いこともあります。つまり、大学院は経済学に関する専門家の養成機関であることから、受験生の英語の力が充分に備わっているかどうか大学院の先生方は見定めたい、という気持ちが強いのです。したが

って、大学院へ進学したいと心に決めた人は、日々机に向かって英語の力をしっかりとつけるように勉強しなければいけません。その英語の試験ですが、大学院で経済学を専攻する場合、英語で著された外国の論文や専門書を毎日のように読まなければならないことから、試験問題は、専門書の一部分をいきなり出題され、それを訳す、というのが一般的な出題形式です。したがって、大学院への進学を志したら、経済学の理論を、できるだけ英語で著された書物によって勉強することをすすめたいと思います。

　もっとも近頃では、大学院の英語の試験が、古典的な英語の書物の一部分を訳す、という伝統的な試験から、世界的によく知られている「TOEFL」という英語実力試験に切りかえられる、という試験形態が取られるようになりました。

　従来、大学での英語教育は、英語の本を読んで、先生が学生に訳させる、という方法がほどこの大学でも伝統的に取られていました。先生の中には、テープレコーダーで英語の発音を教えたり、また「ランゲージ・ラボ」といわれる設備を用いて学生の発音をなおしたりする教授方法が取られてきました。

　しかし、大半は、1冊の英語の書物を部分ごとに一人一人を指名して訳させる、という方法が取られています。その英語の書物も、たいてい、シェイクスピアの作品であったり、ジョイスの作品であったりと、経済学を学ぶ学生には少し異質な教科書が使われてきました。それもそのはずです。英語を教えている先生方のほとんどが大学の英文科出身で、大学時代、英文学をしっかり勉強してきた人達ですから。

　しかし、TOEFLが入試に用いられるようになると、伝統的な英語教育を大きく変更させなければならなくなります。TOEFLの試験の内容は、「書く、読む、聴く」という3つの英語能力をテストされるようになっているのです。これまで大学の英語教育では「聴く」という力をつける教育はほとんど無視されてきた、といっても過言ではありません。

　さらに、最近の各企業の入社試験には英語の試験を課すということは少

なく、入社試験を受ける際に提出する申し込み用紙（これをエントリー・シートといいます）に、英語能力試験の点数の記入が求められるのです。英語能力試験とは、TOEICやTOEFLのことであり、この2つのうちいずれかを受け、その点数の記入を求められるのです。そのようにしてみると、従来からなされている、読んで訳すという伝統的な英語教育は役に立たなくなりつつある、といえるでしょう。

　この現実を指して、まさに大学教育は、英語教育を中心として、大きな変革期にあるといえるのです。

# 第9章
# 経済学を創ってきた人々

## 人が人であるために…

　「経済」とは、その国を発展させ、その国に住む人々を安全に生活させ、そして、人々により幸せな暮らしをさせることを意味し、「経済学」とは、そのための政策や理論を学んでいき、そして、それを応用していく手段を見つけ出す学問だ、といえます。つまり、人間が人間らしく、そして、より幸福に生きていくために社会的によりよき環境をつくり出していく方策を考える学問が経済学だ、と結論づけられます。

　このように大切な経済学は、いったい誰が、いつ、どんな目的でつくり出したのか、また、何が原因でつくり出すようになったのか、そして、彼らが考えた経済学の理論はどのように社会を変えてきたのか、など、経済学をつくってきた経済学の先達の考え方とか、社会に与えた影響の大きさなどについて考えることは大変大切なことです。

　そこで経済学をつくってきたたくさんの経済学者の中でも、とりわけ重要な役割を果たしてきたと思われる5人の経済学者をここでは取り上げ、その人々の考え方、社会に及ぼした影響力、などを考えることにします。

　経済学を大学で学ぶとき、これらの経済学者の学説、理論を必ず学ぶことになります。講義を担当する先生達はかなり詳細にわたってこれらの経済学者の思想や理論を教え、それらが現実の社会問題を解決するのにどう結びついているのか、についても同時に講義することでしょう。また、学生達も、講義を通してこれらの経済学者が、自分達の学説を打ち立てるのにはらった大きな努力の跡や社会に与えた彼らの影響力の大きさを知って驚くとともに、学問の偉大さについてもあらためて尊敬の念をいだくようになるでしょう。そして、社会の変革は、たった一人の偉大な思想家によ

ってもたらされるものだ、という事実に接して、多くの学生は学問をする重要さを再認識するに違いありません。それほど社会を大きく変えてしまうほど影響力を持った経済学者の考えを学ぶことは大切なことだ、ということをまず述べておきましょう。

　ここでは、アダム・スミス、デビッド・リカード、カール・マルクス、レオン・ワルラス、そしてジョン・メイナード・ケインズ、の5人の経済学者について考えてみます。

## アダム・スミス

　私が大学に入ってすぐに習った専門科目の講義は「英書講読」という必修科目でした。その講義に使われたのが、アダム・スミスが著した『国富論』（1776年刊）でした。それまで中学・高校と英語の授業で英語の教科書を使っていましたが、大学に入って、いきなり英語の原書をテキストにした授業に出くわし、「やはり大学というところは違う」と授業中一人感動していたことを今でも思い出します。

　「あらゆる国民の年々の労働は、……」で始まるスミスの主著、国富論は、大学生に成り立ての私にはとても難しく、また、その英語の難関さにつくづく手を焼きました。自分ではどうしても訳せずに、図書館へいって翻訳書を探し出し、それをノートに書き移し、スミスの国富論を一行一行読んでいきました。

　授業中、どういうわけか、訳すのにもっとも苦労した箇所に来ると先生は私を指名するのです。私はそのつどしどろもどろで訳しました。するとその先生はほほえみながら「どうしました。翻訳書があるでしょう」というのです。翻訳書を写してそれをあたかも自分で訳したようにふる舞うのは、いかにも学生のやることではない、と思い詰めていた私は、いつも授業中出来のよくない学生でした。しかし、そんな私を先生はよく覚えて下さり、後々まで大変親しく教えを受けたことを今でも懐しく思い出しま

す。

　さて、スミスは、1722年6月5日にスコットランドのカコーディという小さな港町に生まれました。1707年にスコットランドは、グレート・ブリテン王国と連合条約が成立し、統合された直後でした。スミスは、弁護士であった父を早くしてなくし、母の愛護のもとで育ち、14歳にしてグラスゴー大学に入学しました。17歳までそこで勉学を積み、その後、当時、いわば"留学"のような気分でイングランドの名門、オックスフォード大学のベリオル・カレッジで6年間学びました。スコットランドは長い争いの果てに、いわば、むりやりにイングランドに合併されたという歴史も手伝って、オックスフォードでは差別に会い、みじめな学生生活を送ったらしいのです。しかし、そのことがかえってスミスを"大人"にしたのです。後年、スミスはグラスゴー大学の教授になると、人間はすべて"平等"に生きる権利を有する、という基本的な認識のもとに、教育と執筆に励んだのでした。

　スミスはオックスフォード大学のベリオル・カレッジに学びましたが、このカレッジが創設されたのは1263年ということであり、オックスフォード大学の中でも、マートン・カレッジと並んでもっとも古い大学とされています。13世紀の中頃といえば、日本では鎌倉時代であり、1273年には"蒙古襲来"という大事件があった時代です。日本では武士達が刀を手にしてお互いに血を血で洗うような戦いの日々を送っていた時代に、イギリスではもうすでに"大学"が創設されていたのです。私は数年前、オックスフォード大学に短期間滞在する機会を得たのですが、オックスフォードの町の一番賑やかな通り、ブロード・ストリートとセント・ギルズ通りとの角にある、古色蒼然としたベリオル・カレッジの庭にたたずんだとき、イギリスの大学というものの実体を見た感じがしました。そんな環境に身を置くことにひたすら感動したことを覚えています。

### スミスの「国富論」

　スミスの話に戻りましょう。スミスは、「経済学の父」とか「古典経済学の始祖」と称されていますが、それは『国富論』という大きな本を書いたからです。今から約230年前に発表されたこの国富論で展開された理論が、それ以来脈々として今日の経済学の基礎を築いてきた、といえるのです。

　さて、この国富論でスミスは何を訴えたかったのでしょうか。

　この国富論という言葉は、この本の英文表記を見ると「Wealth of Nations」となっており、これを厳密に訳すと「諸国民の富」となる、と考えられています。このことは「諸」というところに力点を置いて考えることが必要なのです。つまり、一国だけが富むのではなく、諸国が共に富むことが必要であり、その方策について理論的に展開することがスミスが国富論を書いた大きな目的だったのです。

　スミス以前では、一国は、より多く外国へ財を輸出し、その支払いとして「金・銀」を獲得し、それをできる限り自国内に蓄積し、それを自国の発展のためにのみ使い、外国へは一切出さないことが一国を富ます手段だ、と考えられていたのです。この考えは「重商主義」として知られていますが、スミスは、この重商主義の考え方を痛烈に批判したのです。

　スミスは、「金や銀をいくらたくさん蓄積してもそれだけではその国は豊かになれない。その国の国民が豊かになるには、その国で国民が好む財をどれくらい手に入れるかにかかっているのである。そこで、人々が消費する財（消費財）をできるだけ多く生産することがその国を豊かにする最善の手段だ」と主張しました。さて、その消費財は、人々を豊かにするためには、断えることなく生産され続けなければならないのです。その財が「年々」断えることなく生産されるには、労働が必要なのです。労働が充分に供給されると財の生産も増大し、人々はより多く好きな財を手に入れることができ、人々の生活はより豊かになる、というのがスミスの訴えでした。

さて、次にスミスは財をより多く生産するにはどうしたらよいのかを考えたのです。そこで考え出されたのが「分業」というものです。

　この分業という考えこそ、まさに、スミスが「経済学の父」とよばれるようになった大きな要因なのです。すでに見てきたように、18世紀の後半からイギリスでは「産業革命」が始まったのです。つまり、イギリスでは技術の発明・発見によって新しい機械の生産活動が飛躍的に増大し、生産活動の活発化に見合った労働が量的にも質的にも必要となったのです。そこでスミスは「分業」という新しい生産方式を見出したのです。この分業という考えは、生産工程において、労働者がある仕事にだけ専門的に取り組み、その労働者の仕事をつなぐことによって生産活動を完成させる、ということです。スミスは例として「ピン製造業」を取り出してこの分業のあり方を説明しています。ピンの製造工程において、針金をぴーんとのばす人、丸く折り曲げる人、それをくっつける人、また、でき上がったものを磨く人、さらに完成したものを紙でつつむ人、というように作業を細かく分けて、それぞれの作業に精通した人々がチームをつくって生産にあたれば生産量は考えられないほど増大する、というのが有名な「分業の理論」の要旨です。

　この分業の理論は、産業社会を大きく変えることになり、工業での組み立て作業、つまり流れ作業という新しい産業システムをつくり出す要因となり、それによって「近代社会の基礎」が確立されたのです。

　さらにスミスの主張を見てみると、「自由」こそ社会を望ましい状態に導く最大の武器である、という考えがわかります。スミスは国富論の第4編第7章において、「個人の自然の利己心と性向とは、他のすべての通常の場合と同じく、社会の利益と正確に一致し、近い事業から資本を引き上げて、遠方の事業に投資するように向けさせるのである。こうして個人の自愛心が、自然に、通常の場合、その社会にとっていちばん有利な事業に、かれらの資本を投下する気を起こさせる。」と、政府の干渉などなくとも、各個人の利己心にまかせれば、自然と経済は望ましい方向に向か

う、とスミスは、自由放任の利点を強調しているのです。

　スミスのこの考えこそが古典派経済学のもっとも基本的な思想を形成するものだったのです。そして、それ故に、スミスは古典派経済学の始祖という大変名誉ある名前がつけられているのです。

## デビッド・リカード

　アダム・スミスの思想を引き継いだ経済学者はたくさんいますが、その中で群を抜いて偉大な経済学者になったのは、デビッド・リカードだ、といわれています。

　デビッド・リカードは、1772年に証券取引業を営む父の三男としてロンドンに生まれました。父の仕事の影響を受けて証券取引業者となり、持って生まれた商才も手伝って成功をし、財をなすまでになりました。

　リカードが生まれたのは、スミスが『国富論』を刊行した年とわずか4年違いなのです。スミスは「産業革命」の始まりと共に生きたのですが、リカードは、「産業革命」の真只中に生き続けたことになります。このことは「リカード経済学の本質」を知る上で大変大切なことなのです。つまり、スミスは、機械や生産方式の改良・改善などによる生産量の増大によって国を発展させ、その結果、人々の生活水準の向上をはかろうとしました。

　たしかにスミスの考えは生産活動に大きく影響し、生産量は増大の一途をたどりました。しかし、増大した生産の分け前をどうするのか、という問題が起こったのです。そこのところにスポット・ライトをあてて社会の問題を解決しようとしたのが、リカードの基本的な考えです。つまりリカードは「分配問題」を最重点課題として取り組んだのです。

　リカードは「産業革命」が進展する中で活躍し続けたのです。産業革命は文字どおりイギリスの産業を勃興させることになり、その担い手である働き手を農村から都市へと移住せしめ、これまで隆盛を誇っていた農業を

衰退させることになり、いきおい、これまでの穀物輸出国から穀物輸入国へと大きく国の型を変えてしまったのです。

特に、当時ヨーロッパの覇者ならんと目論むナポレオンによる「大陸封鎖」のあおりを受けてイギリスの農作物の価格は高騰し、都市で生産活動に従事する人々の生活を圧迫することになりました。そこで、イギリスの穀物の供給増大策が取られることになり、これまで見向きもされなかった劣等地まで農業地となり、その結果、地代が高騰することになり、地主だけに利益がころがり込むという現象が発生したのです。ここに賃金労働者と地主との間で大きな不公平が見られることになり、大きな社会問題となったのです。

一方、穀物の供給増大策によってイギリスの農業は再び隆盛を見ることになったのですが、ナポレオン戦争の終結によって大陸封鎖もとかれ、大陸から安価な穀物が大量にイギリスに流入するようになりました。そこで政府は、安価な外国からの穀物輸入に関税をかけ、国内の農業を保護しようとしたのです。これは「穀物法論争」として知られ、当時、イギリス社会をゆるがす大きな問題となりました。リカードは、この法案に真向こうから反対したのです。リカードの反対意見はこうです。「外国の穀物輸入に保護関税をかける「新穀物法」が通ると、それはイギリスの農作物の価格を上昇させ、劣等地の地代をも高騰させることになり、地主への利益だけを一方的に増大させるにすぎず、大多数の国民には不利益が生じる」、というものでした。リカードは、イギリスの農作物を保護するために外国からの農作物に高率の関税をかけることは、イギリスのためにならない、というのです。この意見は、現在の世界経済の現状を語るときにも役に立つのではないでしょうか。

### 現代でも生きるリカードの理論

さらに、リカードが古典経済学の中で影響力のある偉大な経済学者とみなされる理由は、やはり、現代の経済学の研究においても大切な考えだ、

と見られている「比較生産費」の説を最初に唱えたからだ、ということです。

リカードは、後世に残す大著といわれている『経済学および課税の原理』の中の「外国貿易について」と題した章（第7章）において、外国貿易の重要性と貿易発生のメカニズムを説いています。

ところで、このリカードの大著を翻訳されたのは、高名な堀 経夫教授で、先生はもうすでに故人になられましたが、私は、学部の3年生のとき堀先生の経済学史の講義を受けました。先生の講義はまさに大研究者の威厳が感じられたことを今でもはっきり覚えています。授業が始まると5分と遅れることなく教室へ入り、教卓の椅子に座り、ご自分の本を静かに開き、そして目を閉じて、一言一言かみしめるように講義する姿に、私達受講生は、高名な先生から学問を教わる喜びにひたりました。もちろん、先生はご自分の講義でも主としてリカードの理論について講義されましたが、その内容は今はほとんど覚えていません。しかし、先生の講義されている姿だけは今でも私の脳裡にはっきり残っています。リカードと聞くといつも大きな懐かしさを持って思い出します。

リカードは、「外国貿易の拡張はたしかにその国の富の増大に貢献するけれど、しかし、それは一国だけを富ますことにはならない」と説いています。つまり、外国貿易はそれに従事する国々が富を得る手段になる、というのがリカードの考えなのです。

そんな大切な外国貿易はなぜ発生するのでしょうか。この発生原因の理論こそがリカードが後世の人々に伝えた大きな貢献なのです。リカードの考えは、一般に、「比較生産費説」とか「比較生産費理論」、または「比較優位の理論」として知られ、現在でも経済学を勉強する際に大切な理論として教えられています。

リカードは、今、2つの国が外国貿易をする場合、1つの国でより安く生産できる財を生産し、お互いに輸出し合えば、お互いの利益は増大する、と主張するのです。例えば、日本でも車と米を生産する場合、たしか

に、この両方とも日本で生産できますが、米の生産はものすごく高くつくのではないでしょうか。そこで安く生産できる外国から米を買い、日本でより有利に生産できる車を外国へ輸出すれば、日本も外国も双方とも利益がもたらされる、と考えられます。このリカードの考えは今でも国際貿易を理論的に考えるとき、立派に生きているのです。

考えてみると、200年近く前という古い時代に出版された『経済学および課税の原理』でのリカードの考えが、現在でもなお大切な理論として教室で教えられたり、また、人々の口にされているということは、偉大な経済学者の思想や主張は、世代を越えて大きく影響し続けるものだ、という事実を如実に物語っていることになります。

## カール・マルクス

19世紀における最大の経済学者であり思想家といえば、誰もがカール・マルクスの名前をあげるでしょう。

マルクスの考えにもとづいた経済理論が構築され、それによって自国の経済体制を確立した国々が多数存在し、そして世界で多くの若者の思想の支柱になり、多くの研究者を研究の虜にしたマルクスとはいったいどんな人で、どんな考えを擁し、多くの人々に影響を与え続けたのでしょうか。

たしかに、マルクスの理論を基礎にした経済体制は、旧ソ連をはじめ多くの国では崩壊の憂き目にあったことはよく知られた歴史的事実です。だからといってマルクスの理論をもう学ぶ必要はない、とは必ずしもいい切れません。マルクスの思想が世界に果たした役割ははかり知れないほど大きなものがあります。そこで、たとえマルクスの理論を基礎にした経済政策が今では立案できなくなったといっても、マルクスの考えにもとづいて「人間性」というものを考えることは大切なことだ、とも言明できるでしょう。

そんなことを頭の中に入れてマルクスとはどのような人で、どんなこと

を主張したのかを見てみましょう。

　正直にいいますと、私は「マルクス経済学」を系統的に学んだことはありません。大学の1年生のとき、1年間担任をして下さったのはマルクス経済学研究で日本を代表する杉原四郎教授でした。私は先生のお人柄に大変強くひかれるものを感じました。2年生になって近経かマル経かを選択するとき本当に迷いました。後になってアメリカの大学で学んでいたとき、日本の経済学部に見られた「マル経」という学問体系は見受けられませんでした。つまり「マル経の原論」に関する科目は存在しなかったのです。したがって、マルクスの考えとか、マルクスの経済理論は「比較経済体制論」とか、「経済思想史」といった講義の中で担当教授が概略を教える、といった程度にしか学ぶ機会はありませんでした。しかし、経済学のさまざまな理論を研究し、それらを学生達に教える仕事に従事している以上は、マルクスの考えを学ぶことは大変必要なことだと思っています。そんな観点からマルクスの経済理論の基本を記していきます。

### マルクスの「資本論」

　カール・マルクスは1818年に、ドイツのフランス国境近くの町トリールで生まれました。父が弁護士という裕福な家庭に生まれたマルクスは、ドイツの名門、ベルリン大学で哲学を学び、将来は大学教授になることを目的に、懸命に学問に励みました。

　しかし、彼の思想的な問題のために、思うような職にありつけず、職を転々とし、さらに、国をも転々とする悲運にあいました。最後はロンドンに住むことを余儀なくされ、ロンドンの大英博物館に通って、スミス、リカードといった古典派経済学者の理論を片っぱしから読破することに全精力を費したのです。そして、1867年に、世界の人々に絶大な影響力をもたらした『資本論』という大著を刊行したのです。この資本論に展開されているマルクスの考えにもとづいて、多くの人々は自分達の人生を考え、また、それは、一国の経済体制をも確立するための源ともなったのです。

## 第9章 経済学を創ってきた人々

　マルクスは何を人々に訴え、そして、世界の多くの人々は何をマルクスの考えから学び取ったのでしょうか。

　まず、マルクスは、人間が本来、人間らしく生きていくための方策を人々に説き明かし続けた、といえるでしょう。マルクスは人々に訴えるのです、「富をつくり出す源は労働であり、その労働は人々の力に他ならない」と。つまり、富をつくり出す大きな力は人々の労働なのであり、労働こそ富の源だ、というのがマルクスの考え方なのです。この考えは「労働価値説」といわれており、その基本的な考えは、古典派の経済学者リカードの考えに発している、ともいわれています。したがってマルクスの考えは、古典派経済学の流れを汲むものと研究者によって指摘されています。

　しかし、マルクスは、この労働価値説をさらに発展させて、「剰余価値説」という考えをつくり出したのです。この剰余価値説が、まさにマルクスの思想体系をつくるもっとも根幹な考えだ、といえるのです。

　次に、剰余価値説の内容を見てみましょう。財の価値は労働の投下量によって決まるのです。例えば、8時間働いて生産した財は、4時間働いて生産した財よりも価値が2倍高い、と考えられるのです。

　さて、労働者は4時間働けば生きていけるのに、たいていの場合、生きていけるだけ働けばいい、ということは認められそうにありません。労働をしている人々は、6時間から8時間と長い時間を働かされるのが一般的です。そこで実際に働いてつくり出した価値と、その人が生きていくために必要な価値の差が「剰余価値」といわれ、その剰余価値は、実際に働いてつくり出した労働者に与えられず、労働者を使っている人、つまり「資本家」が独り占めしてしまうことになる、と考えられます。すると、実際に働いて利益をもたらしたのに、その利益の分け前にあずかれず、労働者は相変わらず貧しい状態に置かれることになり、これほど不公平なことはない、と説くのがマルクスの考えです。

　マルクスは、産業革命が進んだイギリスに住み続け、新しい技術や、生産システムの導入によって活況に湧く工場で働くものの、考えられないよ

うな劣悪な労働条件のもとで働き、そして、人間として生きていけないような生活環境のもとで生き続けている労働者の姿に接し、強いいきどおりを胸にいだいたのでした。

そして、このような悲惨な労働者の状態を目の前にして、マルクスは、この状態を改善するためには、社会の制度そのものを変革させることが必要だ、との考えに至ったのです。マルクスは、「社会主義体制の確立」こそ社会を変革する方法だ、と説き、多くの人々を魅惑することになったのです。

### イギリスで生まれた社会主義？

ところで、この「社会主義」という言葉はいつ、だれが説え、そして、何を意味しているのでしょうか。

社会主義という言葉が人々の口にされるようになったのは、1830年代のイギリスが最初でした。それが後にフランスへ、そして徐々にヨーロッパの国々へ伝わっていったのです。社会主義という言葉は、当初、特に多くの労働者がイギリスで資本を持ったごく一部の人々に、大変厳しい条件のもとで雇われ、人間性をも無視されるような状態で生活をすることを余儀なくされていたとき、団結して自分達の生活を守ろう、という意図で生まれたのです。

社会主義の基本的な考えは、社会に富をもたらすものは、個人の所有にするのではなく社会全体の所有物にしよう、そして、社会がつくり出した財産は、人々の間で公平に分配し、人間が人間らしく生きていくために公正な社会をつくり出そう、というものです。

社会主義の考えは、後になってマルクスによってさらに厳密に理論化され、大きな思想体系へと発展していったのです。

日本で社会主義という言葉が人々の口にされるようになったのは、19世紀の終わりから20世紀の初頭でした。まず、1898年に、日本で最初に「社会問題研究会」が発足し、1900年に「社会主義協会」が設立され、そ

れが後に多くの人々の思想研究の基礎となっていきました。

## レオン・ワルラス

　大きな希望を持って経済学の勉強を始めて最初に出会うテーマは、ものの値段は、どこで、誰が、どのようにして決めるのか、ということです。例えば、りんごの値段は、サンマの値段は、どのようにして決まるのだろうか、という問題を学ぶことになります。

　さらに、人々は決められた予算の中で財を購入するとき、どのような選択をしたら最大の満足が得られるのか、といった問題から、企業は、ある限られた予算の中で財を生産するのに、どのような生産方法を選択したら最大の利益があがるのか、といった問題を学ぶことになります。

　これらの勉強は一見簡単そうに聞こえますが、その知識をしっかりと身につけることはなかなか骨の折れる仕事です。しかし、経済学を専門として学んでいくからには、これらの知識を充分たくわえておかなければならないのです。

　価格決定の理論は、まさに「ワルラス」が考えついた理論を基礎にして成り立っているのです。したがって「ワルラス」という人の名前を知らなくとも経済学を学ぶ人々は、知らず知らずにワルラスの思想を、そして、ワルラスの理論を学んでいるのです。

　例えば、経済学の理論を学んでいくときに、人々は「マルクスによれば」とか、「ケインズはこういった」とか、説を唱えたその人の名前をつけて理論を展開するのが一般的ですが、ワルラスの場合、あまりにも彼が考えた理論を人々がごく普通に口にするために、わざわざ、これはワルラスが唱えた説だと、ことわるということはしなくなってしまったのです。

　しかし、近代経済学が成立するための基本的な考えは、ワルラスが考え出した理論に依存しているのです。

　さて、そこでワルラスはどんな考えを人々に伝えたのでしょうか。

ワルラス以前の経済学を「古典派経済学」と呼び、ワルラスの考えを基礎にした経済学を「新古典派経済学」とよんでいます。

　経済学の分野において、いわゆる「革命」とよばれる理論は2つあるといわれます。1つは、すぐ後で紹介する「ケインズ革命」です。もう1つが、ワルラスが主として理論的な展開をした「限界革命」とよばれているものです。つまり、ワルラスの説は革命とよばれるほど大切なものなのです。

　そこで次にワルラスはどんな人で、何を人々に訴えたかを見てみましょう。

### 近代経済学のもととなるワルラス

　レオン・ワルラスは、1834年にフランスに生まれ、長じて、鉱山学校に入学し、そこで文学や歴史に興味を持って学んだのです。ワルラスは、フランスのエリート校といわれる理工科大学校の入試に2度も失敗し、失意のうちに鉱山学校に入学していったのです。そんなわけで、大して学問的にも成長することなくそこを卒業し、雑誌記者とか会社員などの職を転々としましたが、中等学校の先生をしながら経済学を学び、いくつかの専門書を書いたワルラスの父から経済学の面白さを聞き、独学で経済学の研究に進んでいったのです。そして、スイスのローザンヌ大学の教授公募に応募し、かろうじて教授職に就いたのです。そのとき、ワルラスは36歳になっていました。

　しかし、教授になってからの研究業績はめざましく、経済学の流れを変えてしまうほどの著書『純粋経済学要論』を1874年に刊行したのです。

　ワルラスを有名にしたのは、価格決定に関する説であり、それは従来の説をくつがえすほどの考えだったのです。従来の経済学、つまり古典派経済学では、価値とは投下される労働量によって決まってくるものである、とされていました。ある財を生産するのに、今4単位の労働を必要とし、他の財では8単位であるとすれば、他の財は前の財よりも2倍の価値があ

第9章 経済学を創ってきた人々

る、と説かれていました。しかし、ワルラスは、財に価値があるかないかは「稀少性」によって決まる、と説くのです。この稀少性とは、その財がたくさんあるかないか、簡単に手に入るかどうか、ということです。例えばよく知られた例として、「水」と「ダイヤモンド」の比較が論じられます。水は、それこそ無尽蔵にあり、ダイヤモンドはごく限られたものです。そこで水は「ただみたいなもの」であり、ダイヤモンドは、「高価なもの」なのです。

また、ワルラスは、価格が決まるのは、人々が手に入れた財から得られる効用の大きさによって決まるものだ、と主張するのです。この効用という言葉はなかなか理解しづらい言葉ですが、経済学ではきわめて大切な言葉なのです。人々がりんごを手に入れたとき、「うれしい」とか「満足な気分」を味わうものですが、それが効用なのです。

しかし、今、りんごを2コ、3コと手に入れるにしたがって、りんごから得られる満足の大きさは違ってきます。そこで、りんごを1つずつ追加するごとに得られる効用が問題なのです。この効用を「限界効用」と名づけられ、価格は、この限界効用によって決められる、というのがワルラスの主張です。

そこで、価格は労働の投下量の大きさによって決められる、という説で経済学の理論を打ち立ててきた古典派の経済学の説とまったく違った理論をワルラスは構築したのです。したがって、ワルラス（厳密には、ワルラスの他に、ジェボンズとメンガーの2人の経済学者も含まれますが）のこの主張は「限界革命」とよばれているのです。

そして、私達が今学生達に教えている、いわゆる「近経」といわれる経済学は、ワルラスのこの考えをもとに理論が展開されているのです。

さて、ワルラスの主著である『純粋経済学要説』という本ですが、ワルラス経済学の第一人者とされていた久武雅夫氏（故人）という立派な研究者によって日本語に翻訳されており、たやすく手に取り読むことができますが、たとえ手に取って読み始めたとしても、すぐに理解できるというほ

どやさしい本ではありません。けれど、この大著を目の前にして、少しでも読んでいくと、「あー、あそこで学んだ理論は、ワルラスのこの本に出てくるのか」ということがわかり、なんだか古い友人に会ったような懐しさがこみ上げてきます。

経済学の勉強を本格的に始めようと心に決めたら、この本を一回は読んでみることをすすめます。難しくても少しずつでも読んでいくと「革命」とまでいわれるようになった真髄に触れることができるでしょう。

ただ幸いなことに、「純粋経済学要説」を読むにあたってすばらしい解説書といいますか手引書があるのです。それは日本人のノーベル経済学賞候補の1人でもあると見られるほど高名な経済学者である根岸　隆氏の手によって、市民講座で近代経済学の基本的な考え方をワルラスの「要説」にしたがって語ったときのものが一冊となっているのです。その本では、特にその講師（根岸　隆先生）の社会科学に対する高い学識と経済学への造詣の深さが相交ざって、大変有益な内容が展開されています。根岸先生の著書を手元に置いてワルラスの「要説」を読み進んでいくことをすすめたいと思います。

## ジョン・メイナード・ケインズ

ジョン・メイナード・ケインズほど人々に知られた経済学者は、恐らく二度と世界に出てこないかも知れません。もちろん、ケインズの考えに大いに反対する人々もたくさんいます。しかし、アダム・スミスが経済学という学問をつくり出してから、個人の名前がつけられた大きな理論は、ケインズ理論だけでした。ケインズの理論は「ケインズ革命」とよばれているのです。たしかにワルラスは大変影響力のある理論を展開しましたが「ワルラス革命」という名まではつけられてはいませんでした。

人はケインズを「20世紀が生んだ最大の経済学者」ともよぶことがあります。21世紀になった今でもケインズの名は多くの人々の脳裡に生き

続け、そしてケインズの理論は現実の経済政策を立案していく上で必要なものと説き続けられているのです。

このように偉大な経済学者ケインズはどんな人であり、どんな理論を考えつき、世界に影響を与え続けてきたのでしょうか。

ケインズに関する書物は、それこそ「星の数」ほどあります。私の勉強室の本棚を見ても、大きな本から小さな本まで含めて優に40冊以上は並んでいます。したがって、ケインズについての資料は豊富にあることから、人物像なり、理論展開についてあらゆる角度から学ぶことができます。

### ケインズ革命、はじまる

ジョン・メイナード・ケインズは、1883年に、経済学者の父と、社会事業家の母との長男としてイギリスのケンブリッジ市ハーヴィー通りで生まれました。私はイギリス滞在中、かつてケンブリッジに滞在したことのある知人に案内してもらい、ケインズの生家を見ようとしましたが、ハーヴィー通りまで行っても見つかりませんでした。しかし、ハーヴィー通りそのものは、閑静な住宅地の中の通りでした。その通りはたたずむだけでケインズは、ケンブリッジという町にあって、上流階級の家庭に生まれ、育った、という事実が今でもわかるような雰囲気を醸し出していました。

ケインズは、入学したケンブリッジ大学では、数学の勉強に興味を示し、事実、かなりしっかりと数学を勉強したようです。そして数学で卒業試験を受け、優等生という栄誉をもって卒業したのです。数学を懸命に勉強したその証として、後に「確率論」という論文まで執筆しています。

ケンブリッジ大学を卒業するとき、卒業優等生試験を受けることになり、ケインズは、専門の数学をはじめ、哲学、倫理学、そして心理学などの試験を受けました。当然、経済学の試験も受けましたが、これまであまり熱心に経済学の勉強をしてこなかったがために、それが響いて、ケインズは、残念ながら、2番の成績に終わったのです。その結果、一番の人は

大蔵省に入っていき、やむなくケインズはインド省へ入っていくことになりました。そこで、たいして興味のある仕事にありつけずケインズはまったくやる気のない日々をすごすことを余儀なくされたのです。しかし、それがかえって幸いとなり、ケインズを猛烈に経済学への勉強にかり立てることになり、2年でインド省での役人生活に別れを告げ、学者の道に入ることになったのです。この辺りの物語は、ケインズの人となりについて綴った、これまた高名なイギリスの経済学者、F・ハロッドが著した『ケインズ伝』に詳しく記述されています。

このようにしてあの偉大な経済学者、ケインズが誕生することになったのです。もし、ケインズが優等生試験で1位になり、大蔵省にでも入り、その仕事がすっかり気に入ってしまっていたら、社会を大きく変えてしまうような大著も生まれなかったし、世界の経済は今と違った様子を示していたかも知れない、と「歴史の偶然の面白さ」を指摘する研究者もいます。

さて、ケインズはどんな考えを持った人であり、そして、何を世界に訴えたかったのでしょうか。

ケインズは、1910年をすぎると、猛烈に経済学の研究に没頭するようになり、研究を積み重ねるにしたがって、古い経済学の理論上の矛盾が見えてきたのです。

スミスから始まって、リカード、マルサスといった古典派経済学者達が構築した経済理論を基礎に世界経済は運営されてきたのですが、1929年から33年にかけて、当時、もっとも経済が進んでいたアメリカで大不況が発生したのです。たくさんの企業が倒産し、そのあおりでたくさんの人々が職を失い、貧困のドン底へつき落とされたのです。この大不況はみるみる内に世界を襲い、世界を恐怖の中に閉じ込めることとなったのです。これを人々は「大恐慌」とよぶようになりました。

そんな現実を目の前にして、ケインズは、「この大恐慌の原因は、古典派経済学の理論的な不備にある」と叫んだのです。よく考えてみると、古

典派経済学の理論によれば、「経済活動にたずさわる人々の自由な意志によって経済は望ましい状態になるのであって、政府などの介入は極力避けた方がよい」ということになり、この考えにもとづいて経済を運営すれば、企業は営利を自由にあげることができ、「失業」という問題は一切発生しないことになります。しかし、現実には世界中で失業の嵐が吹きまくったのです。そこでケインズは、古典派経済学の「自由放任」という考えがそもそも間違いであり、この考えによって経済を運営していたのでは世界はますます取りかえしがつかなくなる、と、古典派経済学の考えを捨てさるように主張したのです。「古典派経済学の考えを捨て、政府の役割こそ重要視すべきだ」とケインズは従来の考えをまったく否定し、新たな考えの確立を叫んだのです。このケインズの考えこそが「革命的」であったのです。

　大不況の中にあった世界はケインズの考えを迎え入れ、ケインズの考えで経済の再建をはかろうとしたのでした。世界はまさに「ケインズ革命」を救世主として、ケインズの考えを大急ぎで取り入れ、ドン底にあった経済を浮上させようと必死にもがいたのでした。

### 私にとってのケインズ

　ケインズ革命のバイブル的な役割を果たしたのがケインズの主著『雇用、利子および貨幣の一般理論』で、1936年に出版されました。この本のタイトルは、あまりにも長いので短く『一般理論』という略称で人々の間で知られています。この一般理論こそが世界を大きく変えることになった、まさに革命の源だったのです。

　しかし、例外なく、この本も大変難解なのです。この本は、高名な経済学者によって日本語に翻訳されており、経済学の勉強と深くかかわっていこうとする人々にとって必読の書とされています。また、この本に関する解説書もたくさんありますので、まず入門的なものから読み出して、中級、そして上級レベルへと進んでいくと理解力が高まるものと思われま

す。

　今は大学の教師になっている私の友人の1人は、大学の2年生のとき、「一般理論」を読み出したが、何が書いてあるのかさっぱりわからなかったが、3年生になり、ゼミでケインズの理論を中心に勉強するようになったとき、もう一度「一般理論」を読んだら、なんとなくわかった気がしたと、昔の勉強を懐しんでいました。

　私自身は、ジョージア大学の大学院で学んでいたとき、必修科目のマクロ経済学の中でその担当教授が一学期間（通常は3か月半）に「一般理論」を完全に読み終えるように、そして3回試験をすると全員にいわれ、無理やりに読まされました。それこそ朝から晩まで机にへばりついて、英語の辞書を片手に1ページずつ読んでいったのですが、何が書いてあるのか、さっぱり理解できず、ただただページをめくっていく、という有様でした。そんな状態では試験を受けてもよい点など取れる道理はなく、案の定78点という点でした。大学院では平均点評価B（80点）を維持していかないと、大学で勉強を続けていくことはできないのです。つまり、78点は不合格点なのです。私は、ほんとうに悲しい思いをしました。アメリカの大学院などへ「留学」すべきでなかった、とくやみました。

　学期が終わると、いっせいに受講生の最終評価点が発表されました。私は、78点なのでどうせ不合格点「C＋」がついているだろうと、悲観にくれて掲示板に発表された成績表を見にいきました。するとどうでしょう、「B」がついているではありませんか。必修のマクロ経済学に合格したのです。これで修士論文を作成する資格が与えられたのです。私はその評価点を見て、文字どおりわが目を疑いました。そして、喜びに狂うようにして、広いキャンパスの芝生の上を駆けめぐりました。厳しいアメリカの大学にも「神様はいた」と、心の中でそう叫びました。

　なぜ私は合格点を取ったのか信じられませんでした。おそらく、「東洋の神秘な国から来た留学生に特別な加護を」と思って下さったのでしょう。一般にはアメリカの大学では日本の大学で見られる「高下駄をはかせ

る」というような「特別な配慮」によって点を高める、ということはありえませんから。後日キャンパスでその教授に偶然会ったら、先生は、「ヤー」と一言いったきり、それ以上何も私にいいませんでした。しかし、先生の顔に大きな笑みがありました。

　私は大学院を出て大学教師を職業にし、ケインズの「一般理論」を教えたり、学んだりする度に、当時のことを思い出しています。そして私にBをくれた先生のことも。

### ケインズにのみ冠される「一般」理論

　思わず横道にそれてしまいました。ただ一言つけ加えるとケインズの「一般理論」は経済学の勉強を志した人には、どんな形にしろ心に残るものです。

　最後に、学生達からよく質問されることがらについて述べておきましょう。それは「なぜケインズのこの本には一般などという言葉がつけられているのですか」、という質問です。経済学の書物に「一般」という言葉がつけられているのは、恐らくケインズのこの本しか見あたらないでしょう。

　ケインズが自分の本に一般という耳なれない言葉をつけたのは、ケインズ以前の経済学、つまり古典派経済学の理論と、きっぱり決別をつけるためだという理由なのです。自由放任の考えをもとにした古典派経済学の経済政策では一国の安定は達成されえない。万一達成されるとすれば価格の伸縮性がきわめて大きいときに限られる。価格は一旦上がると容易に下落しない下方硬直性という性質をもっている。このように古典派の経済理論は「特殊な理論」より成り立っているのだ、とケインズは古典派経済学の理論を攻撃したのです。古典派の特殊理論に対してケインズは「一般理論」を構築したのです。

《著者紹介》

**岡地　勝二**（おかち・かつじ）

昭和17年愛知県生まれ。
関西大学経済学部在学中にロータリークラブの留学生としてジョージア大学に留学。卒業後、㈱ミノルタカメラ貿易部に勤務。その後、ジョージア大学大学院にてM.A.を取得。名古屋市立大学大学院で学んだ後、フロリダ州立大学大学院にて、Ph.D.を取得。大学院卒業後は、ヒューストン大学で1年間教育と研究に従事。現在、龍谷大学経済学部教授。経済学博士（京都大学）。

　　　　　　　　　　　　　　　　　　　　（検印省略）
平成16年7月1日　　初版発行　　　　　略称：経済学部

## 経済学部で何を学ぶか

　　　　　著　者　ⓒ　岡　地　勝　二
　　　　　発行者　　　中　島　治　久

発行所　**同 文 舘 出 版 株 式 会 社**
　　　　東京都千代田区神田神保町1-41　　〒101-0051
　　　　営業（03）3294-1801　　編集（03）3294-1803
　　　　振替 00100-8-42935　　http://www.dobunkan.co.jp

Printed in Japan 2004　　　　　印刷・製本　壮光舎

ISBN4-495-86571-4

# 好評の既刊本

### 評価される
### 博士修士
### 卒業論文の書き方考え方

新堀　聰　著
A5判　176頁
定価(本体1,400円＋税)

### 社会科学系大学院生のための
### 研究の進め方
修士・博士論文を書くまえに

ダン・レメニイ ほか 著
小樽商科大学ビジネス創造センター 訳
A5判　176頁
定価(本体1,900円＋税)

### 博士号への道
海外で学位をとるために

榊原　正幸　著
A5判　184頁
定価(本体1,600円＋税)

### これが商学部！

明治大学 商学部 編
A5判　220頁
定価(本体1,300円＋税)

● ● ● 同文舘出版㈱ ● ● ●